DIOS ES TU DEFENSOR

DIOS ES TU DEFENSOR

Aprende a levantarte
cuando la vida te ha derrumbado

ROSIE RIVERA

Prólogo por Samuel Rodriguez

GRUPO NELSON
Desde 1798

Editora en Jefe: *Graciela Lelli*
Traducción: *Danaé Sanchez*
Adaptación del diseño al español: *Mauricio Díaz*

ISBN: 978-1-40022-312-1
eBook: 978-1-40022-309-1

Impreso en Estados Unidos de América
21 22 23 24 25 LSC 9 8 7 6 5 4 3 2 1

A mi hermano —Juanelo— y a mi esposo
—Abel—, por todas las ocasiones en que desearon
defenderme con sus puños pero, en vez de eso, se
arrodillaron y oraron para que Dios me defendiera.

CONTENIDO

PRÓLOGO

EL LIBRO QUE SOSTIENES EN TUS MANOS —O QUE estás leyendo en la pantalla de tu elección, sea cual fuere el caso— es un desafío.

Es un desafío para apropiarse de la promesa que Dios le hizo a Moisés en Éxodo 14:14: «Jehová peleará por vosotros, y vosotros estaréis tranquilos». Es un desafío para apropiarte de la promesa que Dios te hace a ti.

Y Rosie Rivera está familiarizada con los desafíos.

Rosie es una sobreviviente. Ella comparte abiertamente su experiencia de abuso infantil y la trágica pérdida de su hermana, la internacionalmente aclamada cantante, Jenni Rivera, en un accidente aéreo en 2012. A pesar del dolor que ha enfrentado, ella se niega a desanimarse o a ser silenciada por el Enemigo.

¿Por qué?

Porque ella sabe que Dios es su defensor.

Me sentí honrado cuando Rosie me pidió que escribiera el prólogo de este libro. Rosie es una de las latinas más influyentes e inspiradoras del mundo. Ella coprotagoniza, junto con su esposo, Abel, *The Power of Us,* un podcast sobre matrimonio; es madre de tres preciosos niños, y hasta ahora ha escrito cinco libros. Ella es esposa, madre, autora e influencer. Utiliza lo que el enemigo quiso para mal como una oportunidad para glorificar a Dios y producir un bien. Ella fundó Sister Samalia, una organización que apoya a chicas y mujeres atrapadas en el ciclo de abuso, de manera que puedan experimentar la sanidad de Dios que ella ha experimentado.

Rosie es una mujer de inmensa fortaleza y fe, porque confía en la Palabra de Dios. Ese es su propio desafío diario, y es el reto que nos pone a ti y a mí.

Con convicción y compasión, humor y sinceridad, Rosie nos comparte cómo es que ha aprendido a dejar que Dios pelee por ella, confiando en que Él ganará en cada ocasión. Ella nos invita a acompañarla en su camino hacia la plenitud, enseñándonos dónde se encuentra la verdadera batalla, las maneras en que intentamos actuar como nuestros propios defensores, y cómo podemos colocar finalmente nuestras batallas y penas en las manos de Dios, y dejarlas ahí.

Si estás cansada de pelear, entonces *Dios es tu defensor* es para ti.

—Reverendo Samuel Rodríguez
Pastor principal de la New Season Church.
Presidente de NHCLC.
Autor de *From Survive to Thrive: Live a Holy, Healed, Healthy, Happy, Humble, Hungry, and Honoring Life.*
Productor ejecutivo de *Un amor inquebrantable* (2019).

INTRODUCCIÓN

ERA UNA TARDE PERFECTA EN EL SUR DE CALIFORNIA. Los cielos estaban despejados. Restaban solo unas cuantas horas de sol tenue antes de su puesta por el Pacífico. No había humedad, la temperatura exterior era magnífica, ni demasiado calurosa ni demasiado fría. Era un anochecer de cuento.

Créeme, no estoy intentando alardear. Verás, no puedo evitar que California nos otorgue esas tardes tan hermosas.

Me dirigía hacia el campo de la liga infantil de béisbol, lista para ver jugar a mi ahijado en su posición favorita de lanzador. El celestial aroma de las salchichas envueltas en masa de maíz, de los gigantescos *pretzels* (o galletas saladas) inflados y de las rosetas de maíz cubiertas con mantequilla del puesto de bocadillos, hizo de la ya perfecta tarde algo todavía mejor. En mi experiencia, la comida chatarra sabe mucho mejor en el parque de béisbol, ¿cierto? Y me gusta pensar que las calorías no cuentan.

Había sido un largo y estresante día de trabajo. Yo había permanecido encerrada, lidiando con algunas llamadas telefónicas vergonzosas y tratando con lo que parecía ser un centenar de decisiones importantes. Me encanta mi trabajo, pero hay días en que resulta abrumador. Necesitaba un poco de aire fresco y un tiempo alejada de mi teléfono, mi computadora, mi escritorio y de la urgencia de los negocios. Esperaba con ansias dejar eso de lado y sumergirme en lo que parecía un pasatiempo tan feliz e inocente: alentar a mi ahijado, conversar con los demás espectadores y disfrutar del sencillo placer de ver a los niños vestidos con camisetas de béisbol, celebrando las pequeñas victorias.

La escuché la primera vez que mi ahijado se colocó en el montículo del lanzador: era la mamá de un niño del equipo contrario.

Ella llevaba puesto el atuendo completo: una camiseta para padres, adornada deslumbrantemente con imitaciones de diamantes y una llamativa gorra de béisbol sobre su salvaje cabellera. Y era ruidosa. Ella comenzó a gritarle a su hijo, que estaba a punto de batear, lanzándole instrucciones y opiniones acerca de cómo debía golpear la pelota. Luego gritó cosas desagradables del equipo de mi ahijado. Muchos padres a mi alrededor comenzaron a desplazarse —incómodos— en las bancas de acero de las graderías, mirándola gradas abajo. Resulta sumamente molesto cuando la gente eleva la voz y altera el ambiente, pasando de agradable a algo asombrosamente hostil. Nos encontrábamos en un mar de espectadores incómodos que respiraban el humo de una boca sin filtro. Comencé a verla como la Mamá Gritona, nombre que le quedaba muy bien.

El niño al turno bateó un hit y llegó a primera base. Los seguidores del equipo de mi ahijado palmoteamos cortésmente. Los simpatizantes del equipo contrario comprensiblemente elevaron un sonido más entusiasta de apoyo. Y luego Mamá Gritona comenzó de nuevo, sus ruidosos comentarios hicieron eco en las gradas inferiores.

—¡Así se hace! —gritó— ¡Muéstrales cómo se hace! ¡Son unos debiluchos!

Eh, ¡ay! Lo que decía comenzó a sobrepasar el volumen de su voz, lo cual trasmitía algo.

Se concretó la primera entrada y yo decidí ignorar la ruidosa distracción gradas abajo, determinada a no permitir que esa mujer socavara la felicidad de un pretzel gigante untado con mostaza y de uno de mis niños favoritos jugando con todo su corazón. No permitiría que una persona sin filtros, y sin aparente comprensión del control de volumen decente, arruinara mi tarde. Después de todo, yo me lo había ganado, considerando el día de trabajo que había tenido. *Solamente serénate, Rosie* —me dije—. *Es una buena noche. Mira esa puesta de sol que se acerca. Inhala el aroma*

de las rosetas de maíz con mantequilla del quiosco y exhala el
creciente enfado con Mamá Gritona. Inhala. Exhala.

Casi que funciona. Casi.

En la quinta entrada, con mi ahijado de vuelta al montículo
de lanzamiento, el hijo de Mamá Gritona tomó su puesto de ba-
teador. Mi paciencia se había agotado y todo se derrumbó.

Ella comenzó a gritar insultos sobre mi ahijado.

—¡Él no te lanzará nada que no puedas batear! ¡No es un
buen lanzador! ¡Golpéala! ¡Es un perdedor! —Mamá Gritona
acababa de tornar eso en algo personal, y esta chica, tu Rosie, se
enfureció en un instante.

Ahora bien, intento ser una persona paciente y empática.
Quiero responder del modo que creo que Jesús lo haría. Quiero
ser la persona más madura en cualquier interacción. Deseo tomar el mejor camino. He caminado con Dios un largo tiempo. Él
me ha visto pasar por algunas de las cosas más terribles, desde
luego, situaciones más traumáticas y dramáticas que una extraña
gritándole a mi ahijado. Pero eso era demasiado: Mamá Gritona
y su ataque bien orientado hacia un niño que amo como si fuera
mío. Comencé a ponerme de pie, lista para darle a conocer un
poco de lo que yo pensaba de su ridícula camiseta, de su bocaza,
de su alocada cabellera y de sus orígenes en general. Estaba lista
para reparar ese daño, por lo que me armé de una indignación
justa. Era hora de defender, hora de enderezar las cosas, hora de
la venganza.

Pero entonces escuché aquel susurro, esa verdad que conozco y que, en ocasiones, lucho por recordar y creer: *Dios es tu*
Defensor.

Ya lo sé —pensé—. *Pero esto es una locura. ¡Esta mujer está*
arruinando la noche! ¡Alguien debería hacer algo y yo puedo ser
esa persona!

Dios es tu Defensor.

Me mantuve inmóvil en la banca de las gradas, mientras mis

pies ansiaban saltar a la pelea. ¡No es justo! Me enfurecí por dentro. ¿Por qué la gente actúa de este modo?

Dios es tu Defensor.

Al fin, no me levanté, no desfilé por las gradas, no la puse en su lugar, no la callé, la ignoré. Me gustaría decirte que eso se debe a que mi caminar espiritual es muy maduro. Pero, con sinceridad, estaba principalmente preocupada porque, si le decía algo, terminaría peleándome con ella. No solo verbalmente. No, señor. Estaba lista para levantarme de esa banca y callarla físicamente. En mi mente desfilaban las imágenes en las que la derribaba al suelo y el polvo del campo de béisbol se levantaba como la nube del incienso de la vindicación, lo cual sería poético, ya que yo estaba indignada.

¡Qué parecida a Jesús!

TRES PREGUNTAS

¿POR QUÉ SUCEDEN LAS COSAS MALAS?

He enfrentado algunas heridas enormes en mi vida. Grandes de verdad. Y también he enfrentado algunas menores, como la que tuve con la espectadora de la liga infantil, que estaba haciendo su mejor esfuerzo por arruinar una perfectamente encantadora ronda de béisbol en el sur de California. En todo ello hice esta pregunta: ¿Por qué suceden las cosas malas?

Grandes o pequeñas, las cosas malas invaden nuestra sensación de paz. Afectan nuestra firmeza, dejándonos desconcertados y tambaleantes a su paso.

Cuando esas heridas llegan, pueden activar aquello que los psicólogos dicen es uno de los instintos más básicos: el deseo de venganza.

Nosotros le damos diferentes nombres: vindicación, justicia, venganza, retribución, represalia, resarcimiento.

Si te sirve de consuelo, algunos de los personajes del Salón de la Fama de la Biblia batallaron con esos deseos, con el impulso por desafiar a sus enemigos y arreglar las cosas.

Hay una extravagante frase teológica para la clase de escritura que expresa ese deseo de venganza. Son los llamados *salmos imprecatorios* y se refiere a aquellos lugares de las Escrituras en que alguien está clamando por la destrucción de sus enemigos, deseando toda clase de calamidad y caos para aquellos que lo han lastimado. Los teólogos dicen que los salmos imprecatorios eran oraciones, a diferencia de lo que ordinariamente pensamos de la mayoría de los salmos como canciones. La siguiente es una lista de salmos imprecatorios principales que deberías revisar: Salmos 5, 10, 17, 35, 58, 59, 69, 70, 79, 83, 109, 129, 137 y 140. David escribió nueve de los catorce salmos imprecatorios, lo que significa que más del setenta por ciento de estos salmos de «venganza» fueron escritos por la persona que las Escrituras llaman «varón conforme a su corazón [de Dios]» (1 Samuel 13:14). La vida de David —que pasó de ser el hermano menor e ignorado de una gran familia, al conocido niño pastor que derribó al gigante Goliat, al joven que sirvió como músico del rey Saúl, al hombre que soportó todo el conflicto, las heridas y la conmoción camino al trono de Israel— le proporcionó un sinfín de oportunidades para buscar justicia y venganza. David no se contuvo en sus clamores escritos a Dios. Uno de mis favoritos (y de los más dramáticos) salmos imprecatorios es Salmos 35:

> Queden confundidos y avergonzados
>   los que procuran matarme;
> retrocedan humillados
>   los que traman mi ruina.
> Sean como la paja en el viento,
>   acosados por el ángel del SEÑOR.
> sea su senda oscura y resbalosa,

perseguidos por el ángel del Señor.

Ya que sin motivo me tendieron una trampa,
   y sin motivo cavaron una fosa para mí,
que la ruina los tome por sorpresa;
   que caigan en su propia trampa,
   en la fosa que ellos mismos cavaron.
Así mi alma se alegrará en el SEÑOR
   y se deleitará en su salvación. (vv. 4-9)

Asombroso. Esas sí son palabras de guerra. Y en los salmos imprecatorios de David encuentro mi relación con él, con las cosas con las que peleó en su vida, con sus poderosas emociones cuando procesaba los desafíos, los enemigos, el engaño y las conspiraciones que lo asediaban.

Con frecuencia veo que David, en sus salmos, se cuestionaba por qué sus enemigos eran tan crueles. Se preguntaba por qué Dios no había respondido aún. Preguntaba cuándo serían solucionadas las cosas, cuándo prevalecería una temporada de paz. Se hacía muchas de las preguntas que me hago cuando soy golpeada y herida por las acciones de los demás, cuando estoy lastimada y dolida. No se me escapa el que David no llegara a ninguna otra conclusión que la de que Dios es bueno y que el bien triunfará. Y a menudo se refiere a Dios como Defensor. Protector. Escudo.

Jehová El Elyon.

No tenemos la respuesta a por qué suceden las cosas malas. Eso está más allá de tu comprensión, más allá de la mía. Es probable que, a veces, el predicador trate de simplificar eso y decirte que, de haber tenido suficiente fe, no habrías resultado herida. Intentará decirte que hubo algo en tu comportamiento o en tu actitud que provocó esa adversidad. No escuches esos embrollos. Hay cosas malas que suceden que no son por culpa tuya. Punto. Pero hay algo que finalmente aprendí: no tengo que responder por qué suceden esas cosas malas. Lo que necesito tener firmemente arraigado en mi interior es esta verdad fundamental: lo bueno siempre gana. Me he plantado eso en mi corazón. Lo he decidido. A ello le siguen dos preguntas, la primera de las cuales es importante.

¿PERMITIRÉ QUE EL MAL ME VENZA?

Puedo escuchar, prácticamente, tus siguientes preguntas. Son las mismas con las que batallo en lo que se refiere a defender lo correcto y a permitir que Dios sea mi Defensor. ¿Cuándo debo intervenir? ¿Cómo debo hacerlo? ¿Cuándo me comporto mansa, como alguien mansa y cuándo como alguien valiente? ¿Cómo le permito a Dios que sea mi Defensor? En los siguientes capítulos exploraremos todo eso e intentaremos explicar la batalla interna que ocurre en las situaciones que —con frecuencia— carecen de sentido en nuestra vida. Exploraremos esas áreas en las que buscar la venganza, intentar corregir los males que nos han hecho, puede ser la perdición. E identificaremos los derechos que tenemos y cómo podemos movernos con sabiduría para defender a quienes amamos y a nosotras mismas.

¿POR QUÉ LA GENTE HACE COSAS HIRIENTES?

Cuando pienso en las personas que me han herido en la vida, haya sido la herida profundamente dolorosa o simplemente irritante —como la de Mamá Gritona— observo lo siguiente: las personas heridas hieren a la gente. Ya sé que es un cliché, pero es tan cierto que vale la pena replantearlo: *las personas heridas hieren a la gente*. La lastiman. Tal como un animal que, atrincherado con una herida muestra los dientes y gruñe, la persona herida responderá del mismo modo, aunque la otra persona simplemente esté intentando ayudar o solo esté pasando por ahí.

Las personas heridas hieren a los demás por una variedad de razones:

Dolor. Las personas heridas, con frecuencia, van cargando un gran saco de dolor no resuelto pendiendo de sus hombros. Si han experimentado un rechazo debilitador en la vida, intentarán responder rechazando las mejores intenciones, las invitaciones a conectarse. A menudo vemos esto en quienes han experimentado abuso sexual. Muchos sobrevivientes de abuso sexual se vuelven los más fieros defensores al proteger a los demás y traer luz en medio de las tinieblas. Pero hay algunos casos en que las víctimas de abuso sexual infantil se convierten en perpetradores. A veces, un padre es abusivo porque fue criado en un ambiente hiriente y lleno de ira. En mi experiencia, cuando las personas hieren a los demás por su propio dolor, están buscando aliviar la carga que llevan o intentan protegerse a sí mismos.

Orgullo. Algunas personas heridas lastiman a otros porque, en lo profundo, realmente le temen a la vergüenza. Algunas de las heridas más crueles que he recibido de las personas han surgido de su propio orgullo. Ellos saben que están equivocados, pero nunca lo aceptarán ni buscarán perdón, porque les avergüenza su comportamiento. Les cuesta demasiado humillarse, de modo que —por el contrario— se jactan, con la arrogancia y la avaricia como su escudo.

Envidia. No subestimes los fragmentos que puede arrojarte un espíritu envidioso. Tus dones, tu familia, tus logros y tu gozo pueden ser el blanco de alguien que siente que, si nunca ha recibido su bendición, ¿por qué deberías tú disfrutar la tuya? Es la persona que no puede celebrar tu ascenso y te dice que te estás volviendo arrogante desde que obtuviste un incremento en tu salario. Es la amiga que te increpa, te dice que ya no eres su mejor amiga desde que te involucraste en ese romance que tú crees que te llevará al matrimonio. Esa gente no sabe cómo alegrarse por ti. Un espíritu envidioso incluso puede llegar a ti a través de personas que ni siquiera conoces. Es asombroso ver algunos de los comentarios que abundan en las redes sociales o en foros de discusión con respecto a figuras públicas. Yo misma he sido víctima de eso, cuando personas que ni siquiera me conocen hacen acusaciones hirientes acerca de mi estilo de vida, mi casa o mi familia. Yo tengo claro que las bendiciones de mi vida provienen de Dios y no de mí misma. Pero es difícil que las personas envidiosas entiendan eso. A fin de cuentas, critican, se mofan y lastiman, en lugar de buscar la voluntad de Dios, y su provisión y bendición en su propia vida.

Intitulado. Hay bastantes personas en el mundo que simplemente no se adhieren a la idea de que deberían amar a su prójimo como a sí mismos. De manera que no lo aman. Creen que deberían poder abrirse paso a la fuerza hacia el frente de la fila. Son esos que pasan volando junto a ti en la autovía, mientras que todos los demás están atorados en el tráfico. Son padres de estudiantes de la clase de tu hijo que fastidian y escriben correos electrónicos desagradables para obtener lo mejor para sus hijos —la mejor atención, un trato especial— sin importar el costo que eso represente para los demás niños. La gente que te hiere por un espíritu de privilegios no actúa contra ti personalmente; tus sentimientos, tus emociones y tu incomodidad o herida ni siquiera les perturban. Su agenda, sus derechos y su visión miope del mundo es todo lo que ven.

Falta de responsabilidad. A veces la gente nos lastima dándonos coba. *Dar coba* es una expresión muy usada ahora, pero el concepto ha circulado desde hace largo tiempo. Es cuando la gente, en un esfuerzo por manipular o no hacerse responsable de la herida que ha infligido, invierte una situación para hacer que te preguntes si estás reaccionando exageradamente, o si tus emociones no son válidas o si son desproporcionadas. Desde luego, todos somos capaces de reaccionar exageradamente en algunas ocasiones, por lo que debemos permanecer atentos a ello. Pero dar coba es un patrón de comportamiento por el que la gente busca socavar los hechos de nuestra relación o nuestras interacciones, e invalidar nuestra experiencia. Esas personas se comportan desmedidamente, queriendo evadir su comportamiento, y les gusta convencerse de que la parte lastimada está un poco demente o es hipersensible.

Culpar por todo a los demás. Esta razón para lastimar a los demás es similar a herir con una sensación de privilegios, pero surge de un lugar muy diferente. Las personas heridas lastiman a los demás cuando reaccionan o procesan su propio conflicto interno. No se detienen a tomar un respiro o a hacer una pausa para procesar. Si accidentalmente cometen un error, de alguna manera es culpa de alguien más por no advertirles. Es la chica que ha tenido cinco empleos en cinco años, y está a punto de ser despedida de nuevo, pero cree que su habilidad para mantener un empleo no tiene nada que ver con la manera en que trata a los demás en la oficina ni con el tono hiriente que utiliza en los correos electrónicos y en el teléfono. Parece que este tipo de personas trae consigo sus propios tornados, apuntan en todas direcciones, disparándole a cualquiera que esté cerca, y a veces esa persona eres tú.

Maldad. De acuerdo, bien, sé que esto no es común. Nos gusta pensar que cada uno tiene un poco de bien en sí. Pero hay personas en la historia mundial que se han abandonado a la influencia del enemigo y han vomitado maldad. Atacan, se encolerizan, roban y saquean con arrojo, sin remordimiento de conciencia, sin reconocer las emociones ni los derechos de los demás. Adolfo Hitler es un ejemplo obvio. Quizá haya personas cercanas que te hayan lastimado sin remordimiento, sin un indicio de sentirse afligidas por su comportamiento. Esta es una categoría que no tomo con ligereza. Puedo ver la herida incluso en el hombre que abusó sexualmente de mí cuando era pequeña y oro para que Dios tenga misericordia de él. Pero hay algunas personas raras en las que parece no haber luz, y a menudo son responsables de algunas de las cosas más crueles que les suceden a las personas inocentes.

¿Dónde está Dios en todo esto? Sabemos, a partir de su Palabra, que Él es la justicia misma, que es la personificación de todo lo bueno y lo justo. Que también es un Padre amoroso que nos ha extendido una asombrosa libertad. Que nos ha dado el poder del libre albedrío, la habilidad de elegir. Ese extraordinario don conlleva una pesada responsabilidad. Elegir sabiamente produce vida. Elegir mediocremente produce pecado. Y con el pecado viene la consecuencia de herir potencialmente a los demás.

Quizá hayas experimentado el dolor de alguien que decide expresar cruelmente su ira. Posiblemente hayas experimentado que alguien decida tomar tu confianza y aplastarla. A mí me ha sucedido. He tenido amigos de confianza que se han puesto en mi contra y difundido mentiras en maneras muy públicas. Algún pariente lejano ha decidido hacer de mí una víctima de abuso sexual. Ha habido gente que ha decidido robarme.

Sin embargo, este es el asunto: la única solución para no ser herido sería que Dios nos quitara toda la libertad que nos ha concedido. Donde hay libertad habrá pecado y, a veces, ese pecado se dirigirá hacia los demás. No es justo. Eso me enfada. A menudo me ha hecho hacerle preguntas duras a Dios.

No obstante, al final del día, eso me ha dado un nuevo respeto por una verdad importante: el pecado es el enemigo.

He perdido de vista esto muchas veces. He hecho que las personas que me han lastimado sean el enemigo. Pero la verdad es que su pecado y sus decisiones han sido lo que me ha lastimado. Aunque he sido la parte inocente, recordar que ese pecado es el enemigo, me ha permitido tomar un respiro y mirar con frescura lo que significa que Dios sea mi Defensor. Porque el asunto es que yo también peco. No me gusta eso. No me gusta tener esto en común con las personas que me han lastimado, aquellos que me han tratado mal. Intento hacer lo mejor que puedo para no permitir que el pecado extienda sus consecuencias sobre los demás. Pero ahí está, de igual manera. Las personas que me lastiman son pecadores. Las personas que me tratan bien son pecadores. Y yo también soy pecadora.

Lo cual significa que solamente hay una Presencia en mi vida que está calificada, que tiene el derecho de actuar como juez.

Jehová El Elyon. Mi Defensor. Mi roca. Mi refugio. Mi fuerza.

Me ha tomado muchos años aprender bien esto. Años en que me negué a revelar el abuso que sufrí, pensando que evitar la verdad podría hacer —de alguna manera— que el dolor disminuyera. Al no traer las tinieblas a la luz, yo no estaba dejando que Dios fuera mi Defensor, sino que estaba confiando en que mi silencio me protegería. Luego hubo años en que decidí que nunca más se aprovecharían de mí, y que me enfurecería, y argumentaría, y pelearía abiertamente contra quienes sintiera que me explotaran. Puedo decirte que la venganza puede ser dulce cuando has pasado años sintiéndote desesperanzada. Pero eso no corrige nada.

Además, he prolongado mi recorrido hacia la sanidad al quedarme atascada en esas mismas preguntas que podrían estar atacándote a ti también.

¿Por qué suceden cosas malas? No podremos tener una respuesta satisfactoria.

¿Por qué la gente hace cosas malas? Porque el pecado es el enemigo.

¿Permitiré que el mal me venza? No.

Por lo tanto, te hago estas preguntas: ¿Qué piensas de permitirle a Dios que sea tu Defensor? ¿Estás lista para hallar la paz en medio de las heridas? ¿Estás lista para hallar la verdadera restauración?

¿Estás lista?

Entonces, comencemos.

uno
LA VERDADERA BATALLA

EN ESTOS MOMENTOS NO ESTOY ALIMENTANDO A MI esposo.

Según como yo lo veo, tengo una buena razón. Se debe al garaje.

Estoy segura de que esto no te parece muy sensato, pero permíteme explicarte.

Acabamos de salir de una larga temporada de renovación de la casa. Si has pasado por eso alguna vez, sabes lo que son los reveses y el estrés. Todo se lleva más tiempo de lo normal. Es mucho más costoso de lo que planeaste. Son semanas consciente de que, si apareciera el fontanero como aseguró que lo haría, terminarías con todo. Pero el fontanero ha desaparecido en el combate, lo cual significa que se ha tenido que diferir el servicio del electricista, que no estará disponible hasta mediados del próximo mes. Desde luego, eso significa que tendrás que retrasar la entrega de los armarios porque, adivinaste, la instalación eléctrica debe estar hecha para poder colocar los armarios, instalación que no puede hacerse hasta que el fontanero desaparecido decida honrar tu renovación con su presencia. Todo eso me hace pensar en el libro infantil, *Si le das una galletita a un ratón*, en el que sucede una serie de eventos como en efecto dominó, los cuales llevan a una alegre catástrofe, todo porque un roedor recibió una galletita. En mi mente, la versión adulta de este libro seria *Si le das un chequecito a un fontanero*, con resultados menos alegres.

Soy una persona que se desenvuelve mejor en un espacio ordenado y pulcro. Puedo enfocarme; puedo serenarme. Cuando mi ambiente, ya sea mi casa o mi oficina, está desordenado, mi actitud puede tornarse un poco, digamos, irritable; y esa renovación ya tomó demasiado tiempo. Ya habían pasado meses lidiando con altibajos y estaba lista para vivir en nuestra casa en un modo que no pareciera que estábamos de campamento en una tienda de bricolaje.

Al fin apareció el fontanero, luego el electricista, luego los armarios. La casa luce asombrosa y estoy feliz con los resultados, aunque el tiempo programado se haya ido por la borda. Solamente hay una pequeña cosa que todavía perturba.

El garaje.

El garaje es un desastre. Cajas, suministros, paños goteados de pintura y toda clase de residuos del hogar que no tienen un lugar en la renovación actual, pero a los que todavía nos aferramos. El polvoriento olor químico a pintura vieja y a aserrín húmedo y el de las cajas de cartón sucias, yace ahí como la bruma. Cuando llego a la casa después de un largo día, el estado del garaje me saluda como si fuera una espinilla en la punta de la nariz. No puedo evitar verlo. Eso es todo lo que veo.

Se supone que mi esposo debe encargarse de esa situación, pero no lo ha hecho. Él me aseguró que lo haría, pero han pasado varias semanas, y yo se lo he recordado, pedido, y he utilizado términos corteses. Todavía no está hecho.

Por eso, me he encargado de la situación. Si crees que eso significa que he tenido una conversación franca y directa con mi esposo, o contratado a una empresa de limpieza, o que le he preguntado a él cómo puedo ayudar, te equivocas.

No, no, no.

La solución que me impuse es negarme a cocinarle.

Todo comenzó con no preparar su comida favorita durante dos semanas seguidas. Luego pasé a no cocinar nada en general, ni su comida favorita ni nada. Comprenderás que lo hago por su propio bien. Al no cocinarle, le estoy dando una lección por no limpiar el garaje.

El hierro con hierro se aguza, querido.

Intento convencerme de que no lo estoy castigando. Trato de justificar mi comportamiento como una lección para él. Pero, incluso, decírmelo en voz alta revela lo que realmente está sucediendo en mi corazón.

Me estoy vengando. Todo por un garaje desordenado.

Señor, ayúdame.

Este dulce esposo mío —el hombre que adora con todo su corazón, el hombre que apoya mis sueños, el galán que está dispuesto a jugar a las muñecas con mi hija— es ese del que me estoy vengando. Es importante mencionar en este momento que él es la persona que supervisó la renovación, controló los detalles y manejó los altibajos y las frustraciones que produce una labor de esa magnitud. No lo hizo solamente por nuestra familia; también supervisó generosamente proyectos de renovación de las casas de algunos de nuestros familiares extendidos. Él ha hecho todo eso. Pero el garaje es todo lo que yo veo.

De manera que retengo algo que a él le encanta de nuestra dinámica, algo que le gusta de mí: mis habilidades como chef de la familia. La dulzura de sentarnos juntos al final del día y reconectarnos frente a la deliciosa comida entre risas y una conversación.

Eso es muy coherente, ¿cierto? No.

Tengamos un momento de confesiones, solo tú y yo. Tú también haces estas cosas, ¿no? Alguien te frustra o te envía un correo electrónico con un tono fuerte, o se olvida de encargarse de un detalle del que prometió que se encargaría, de manera que a ti se te ocurre una forma de crear una pequeñísima brecha entre ambos. Tú piensas en algo que le dará una lección. Ese viejo clásico: el castigo del silencio. O el nuevo clásico: la feroz crítica en línea. La invitación retirada. No leer un mensaje de texto.

Yo justifico estas respuestas colocando límites, pero algunos de los medios que utilizo no son límites sanos. Y, sin juicios, pero apuesto a que justificas algunas de tus respuestas de la misma manera.

Escucha, aquí todas somos amigas. Estamos juntas en esto. Yo estoy trabajando en mi corazón y tú en el tuyo. Si queremos dejar que Dios sea nuestro Defensor, tenemos que reconocer con quién es la verdadera batalla y dejar que Dios sea Dios.

La verdadera batalla es con nosotras mismas.

Es con nuestro sentido del bien y del mal. Nuestro sentido de lo que es justo. Nuestra percepción del tiempo correcto. Nuestra personalidad. El bagaje que acarreamos de experiencias previas. Todo eso tiene un efecto en nuestra capacidad y propensión a permitirle a Dios defendernos, en lugar de lanzarnos a la pelea con venganza en nuestro corazón y palabras mordaces en nuestra lengua o escondiendo esas heridas para que nadie pueda verlas.

Y todo esto es nuestra respuesta a lo que llamamos pequeñeces: aquellas pequeñas cosas que la gente nos hace (o que no nos hace, como en el caso de mi garaje). Cuando llegan las cosas grandes, resulta todavía más complicado que la mayoría de nosotras no responda con expresiones de venganza más intensas. Por eso digo que la verdadera batalla con respecto a la manera en que nos lastiman en la vida es con nosotras mismas. Nosotras no podemos controlar cómo nos trate la gente que nos rodea. No podemos controlar sus reacciones, sus críticas ni su negligencia. La única persona en la ecuación sobre la que podemos tomar decisiones de comportamiento somos nosotras mismas.

Cuando amplío la perspectiva y miro algunas de mis heridas más grandes, esta verdad me golpea: mi respuesta es lo único que puedo controlar. Ha habido heridas que he manejado con franqueza y gracia. Y ha habido veces en que he estado dispuesta a la venganza total.

De acuerdo, de acuerdo, la venganza total puede parecer un poco drástica. A veces guardo rencor y digo que solamente es un poco. Pero el rencor es una forma de venganza. ¿Alguna vez te has detenido a pensar en esto? En ocasiones quiero excusar mi respuesta a una herida minimizando mi reacción. Es «solamente» rencor. Es «nada más» un castigo silente. Es «solamente» una pequeña sesión de chisme para informarle a alguien que necesita saber del comportamiento de otra persona.

Sin embargo, cuando tomo los asuntos en mis propias manos, sin presentárselos a Dios, me estoy arriesgando a violar las siguientes palabras importantes: «No te vengarás, ni guardarás rencor a los hijos de tu pueblo, sino amarás a tu prójimo como a ti mismo. Yo Jehová» (Levítico 19:18 RVR1960).

¿Quiere decir eso que nunca diga las cosas, que nunca confronte, que nunca pida hablar con un gerente? No. Desde luego que no. Lo que sí significa es que debo buscar primero que Dios limpie mi corazón, de manera que —en mi ira, o mi herida, o mi confusión, o mi sensación de rechazo o la violación que sufrí— no responda en una manera pecaminosa. Tal como dos errores nunca suman un acierto, el pecado satisfecho con otro pecado no corrige una situación.

Para poder reconocer a Dios como tu Defensor y escuchar su instrucción al lidiar con situaciones dolorosas, es útil pensar en el tipo de personalidad que asumes en «situaciones de emergencia» en las que te lastiman. Para mí, estar clara con respecto a lo que soy, a veces me ayuda a entender y refinar mis reacciones en ambientes difíciles. Observa si puedes identificarte en las siguientes descripciones de situaciones de emergencia.

MAESTRA

Soy maestra. Esa es una de las cosas con que Dios me ha dotado para que la desarrolle. Es un llamado que acojo con asombro y, espero, con una gran dosis de humildad. Pero también puedo tomar ese don y pensar que mi responsabilidad es darle una lección a la gente. Esa podría ser también tu historia. Quizá seas maestra por vocación o pueda ser algo que está en tu interior, eso que parece que siempre estás haciendo, ya sea en un salón de clases, en una plataforma o en el pasillo de repostería del supermercado, ayudando a una extraña a entender la diferencia entre el bicarbonato de soda y la levadura en polvo.

A mí me resulta difícil dejar a un lado la enseñanza cuando se trata de enojos —grandes o pequeños— que se cuelan en mi día. Cuando la gente hace algo malo, siento escozor por arreglarlo, ayudarle a ver el error en su proceder y llevarle de vuelta al camino correcto. Lo cual a veces me lleva a guardar rencores por cosas como garajes sucios o comidas para mi esposo. (Suspiro).

Yo no necesito darle una lección a mi esposo. Lo que necesito es tener una conversación con él. Somos adultos. Él no es mi alumno. Y ese es el desafío para quienes nos identificamos como maestros: no todo individuo es nuestro alumno. Mi batalla es por ser franca acerca de la diferencia entre usar mi don de enseñanza en la manera que Dios lo diseñó o usarlo para «dar una lección» de rencor.

DEFENSORA

¿Eres así? Se te facilita decirle a tu mesero que lo que ordenaste está mal. Te sientes más que feliz levantándote en una reunión de padres de familia y exponiendo los problemas con los nuevos horarios de almuerzo de los alumnos. No necesariamente estás buscando una pelea, pero estás preparada para encabezar el ataque cuando ves cosas desiguales o injustas. Ya estás lista para cargar colina arriba, llamar a los noticieros, lanzar la petición, publicar una revisión. Estás programada como protectora, lo cual es hermoso. Pero todo ese don que Dios ha puesto en ti debes someterlo a Él primero.

¿Te detienes a orar antes de actuar? ¿O se te sube la temperatura en un solo minuto de ira? ¿Comparas tu tono y tu intención con la lista del fruto del Espíritu de Gálatas que tienes a la mano? ¿Muestras amor, gozo, paz, *paciencia*, benignidad, bondad, fe, *mansedumbre* y *templanza*? (Las palabras en cursivas son de las que no son mi fuerte). Como defensora puedes ser una poderosa fuerza para el bien, si te paras detrás de Dios como tu Defensor, si lo dejas dirigir. Pero cuando te adelantas a Él, las cosas pueden perder el rumbo fácilmente. Puede resultar fácil perder el impacto del proteccionismo bienintencionado que puedes ejercer sobre los demás.

Los defensores pueden luchar también con la *proporción*. Digamos que las heridas de la vida tienen «volumen», si así lo quieres ver, y digamos que te lastiman con una herida grado cuatro en una escala de diez. He visto defensores que se levantan con una respuesta grado diez, simplemente se apasionan por ver que las cosas se solucionen. Cuando confiamos en Dios como nuestro Defensor, es crucial mantener una comprensión precisa del alcance del problema —de su volumen—, para poder escuchar su instrucción y no el rugido de nuestro propio diálogo interno.

PARTIDARIAS

Quizá no te levantas con tanta frecuencia para defenderte. Piensas que puedes aprender mucho e intentas poner la otra mejilla. No te involucras en muchas causas; no sientes la necesidad de vociferar de una que otra controversia en las redes sociales. Pero si alguien se mete con uno de los tuyos, cualquier cosa puede suceder. Es posible, incluso, que te hayas llamado a ti misma «mamá osa».

Se supone que debemos defender la causa de aquellos que están en peligro. Se supone que debemos pararnos contra los bravucones y proteger a aquellos que no se pueden proteger a sí mismos. Pero este es un equilibrio delicado. A veces nuestra lealtad puede hacernos incapaces de reconocer que quizá, posiblemente, nuestra inocente pequeñina *sí* instigó esa riña con la otra niña de su clase. Eso puede hacer que elijamos un bando y nos hagamos ciegas al otro lado de la historia. Cuando nos apresuramos a asumir la actitud de partidaria, en especial cuando no tenemos todos los hechos, hacemos daño sin querer.

Dios valora la lealtad. Pero nuestra lealtad debe ser primero a Él. Cuando nuestra lealtad es, en primer lugar, a nuestra familia, nuestros hijos o a nuestros amigos, y justificamos el comportamiento agresivo como una señal de ella, mostramos que estamos más preocupadas por agradar a la gente que lo que nos interesa agradar a nuestro Dios.

LA VÍCTIMA SILENCIOSA

Te han dañado, mucho. Es probable que el daño haya venido —de una manera constante e insidiosa— por parte de alguien cercano a ti, y se te complica aceptar las cosas como son: es una forma de abuso emocional que se agrava. Es posible que te hayan lastimado flagrantemente, pero te mantienes callada porque ¿no es eso lo que hace una buena cristiana? Detrás del silencio, detrás de los secretos, hay una tormenta en ciernes. Tal vez no digas las cosas por temor; quizá incluso te hayan amenazado de atreverte a pronunciarte con la verdad. Pero tu temor se ha vuelto más grande que tu Dios, y eso significa que tu confianza está en el silencio que guardas, no en el Defensor que anhela liberarte. Es tiempo de buscar el consejo que te permitirá hablar la verdad. Va a requerir de trabajo y va a requerir de valentía; pero Dios se va a encontrar ahí contigo.

Los israelitas se sentían aterrados cuando estaban a punto de entrar en la Tierra Prometida. Moisés se estaba preparando para ceder su liderazgo y Josué estaba a punto de asumir el puesto. Los israelitas habían escuchado que había gigantes en aquella tierra. Pero Moisés les anunció estas hermosas palabras: «Esforzaos y cobrad ánimo; no temáis, ni tengáis miedo de ellos, porque Jehová tu Dios es el que va contigo; no te dejará, ni te desamparará» (Deuteronomio 31:6 RVR1960). Como tu Defensor, Dios va delante de ti en tierra desconocida. ¿Te aterra revelar una verdad de una herida de la que nunca has hablado? Desde luego. Pero Dios entra contigo en ese terreno desconocido. La verdad te hace libre y revela que Dios te protege.

LA COMPAÑÍA QUE BRINDAS

¿Qué tipo de respuesta de emergencia descubriste que es el tuyo? Es muy útil identificar cuál es la respuesta más común para ti. Eso te ayudará a reconocerla en ti en situaciones dolorosas y a delinear mejores respuestas y perspectivas más saludables. Pero nuestras perspectivas personales para lidiar con una herida no es lo único que define nuestras experiencias. Otros factores que juegan un papel son la gente de la que nos rodeamos y cómo experimentamos los acontecimientos molestos.

Esto es algo extraño de las reacciones a las heridas: con frecuencia, en nuestras relaciones más cercanas exigimos las formas más mezquinas de revancha. Algunas esposas me han dicho, sin vergüenza ni remordimiento, que privan a sus esposos del sexo cuando han hecho algo para enfadarlas. A mí siempre me sorprende eso, hasta que el Espíritu Santo me recuerda que en ese momento me encuentro privando al mío de mi comida. Aquí no estoy señalando; solamente estoy mencionando que todas tenemos nuestras sutiles maneras de enfatizar a quienes están más cerca de nosotras que hemos sido lastimadas.

Esta es otra cosa extraña: los que están fuera de nuestro círculo íntimo pueden ser aquellos con quienes no seamos tan sinceras sobre nuestras heridas. ¿El familiar que no te ha agradecido por la manera en que lo rescataste de una situación perjudicial? Puedes guardar silencio. ¿Esa compañera de trabajo que rutinariamente te hace sentir mal en las reuniones? Sí. Tú puedes ver el conflicto que hay por detrás, pero mantienes la paz en la oficina.

Y hay otra cosa extraña: a veces la gente que no conocemos en absoluto es la que recibe el golpe directo de nuestras más intensas reacciones a las frustraciones y las heridas. ¿Te has dado cuenta de eso? ¿La persona anónima de servicio al cliente, al otro lado de la línea telefónica, te dice que no puede ayudarte con el inexacto y exorbitante gasto en tu línea del celular? Tú te enciendes como árbol de Navidad, usando lenguaje que nunca usarías con una amiga. ¿Ese hombre del estacionamiento que se apresura a ganar el lugar en el que tú claramente estabas anunciando que te estacionarías? En dos minutos te encuentras deteniendo tu coche en medio de la fila del estacionamiento y desfilando hacia él para explotar en su contra por su comportamiento poco caballeroso.

¿Qué sucede en esos momentos? Tenemos que permanecer atentas a nuestras reacciones, cuando parece que no existe ningún riesgo a largo plazo de pronunciarnos cuando nos lastima gente que no conocemos, y que probablemente nunca volveremos a ver. A veces derribamos las vallas de contención (que pueden mantenernos a salvo en relaciones más cercanas) con la gente que no conocemos, y puede ser que reaccionemos más allá de lo útil, lo bueno, lo que es de Dios. Ahora, escucha: yo sigo a un Jesús que, sí, supo cómo voltearles la mesa a los cambistas del templo. Él no temía hacer ruido cuando era necesario. Pero siempre, siempre estaba sometido a su Padre. Siempre actuaba bajo los preceptos de Dios. Hubo veces en que Jesús se pronunció —pero también supo cuándo retirarse—. Saber la diferencia, saber cuándo es tiempo de qué, es saber que Dios es tu Defensor.

NO TODAS LAS HERIDAS
TIENEN QUE DOLER

Esta es otra parte delicada de la batalla: solo porque algo te lastime, no quiere decir que necesites defenderte. Léelo de nuevo. No todas las heridas que te hagan tienen que herirte. A veces estas pueden terminar beneficiándote.

Hace algunos años, participé en un singular programa de telerrealidad. Independientemente de tu opinión de ese tipo de programas, estos son un laboratorio fascinante de emociones e interacción humana. Cuando comencé el programa, en realidad, no conocía a muchos de mis coprotagonistas. Todas las mujeres del programa se encontraban en el proceso de desarrollar amistades o, en algunos casos, enemistades. Cuando me uní al programa, los productores mantuvieron las cámaras encendidas mientras mi compañera de elenco y yo nos sentamos a beber vino y comer galletas para conocernos mejor.

Por lo general no bebo vino, por lo que yo era la persona que casi estaba acabándose las galletas. ¡Estaban sabrosas! Yo estaba conversando con todas las mujeres —nuevas compañeras de elenco—, conociéndolas mejor, escuchando sus historias. Una de ellas, que me miraba masticar una galleta tras otra, se volteó y me dijo: «Sabes, Rosie, ¡serías mucho más hermosa si estuvieras un poco más delgada!».

Me quedé atónita. La conversación en el set se detuvo en seco; pero las cámaras continuaron grabando. Todos estaban esperando a ver cómo reaccionaría.

La parte insolente de mí se despertó primero. La miré directo al rostro, tomé otra galleta y la metí en mi boca. De verdad te digo, esa amarga galleta me supo mejor que todo lo demás.

Todas se rieron y se apaciguó la situación.

Sin embargo, su comentario ardió por dentro. Aunque sus palabras pudieran haber parecido duras o insensibles, no creo que fuera algo personal, sino que se trató de llamar la atención en la televisión. Y la verdad es que yo había permitido que mis hábitos alimenticios se descontrolaran un poco. Ahora, no estoy aquí para hacer sentir mal a nadie con su cuerpo o con lo que la báscula anuncie. Solo estoy consciente de que hay ocasiones en que no actúo saludablemente con respecto a mi relación con la comida, y ahí es donde me encontraba en los primeros días del programa: estaba un poco más pesada de lo que para mí es saludable.

Bueno...

Yo podría haberme resentido por el comentario que hizo mi coprotagonista. Y, por favor, quiero que sepas que sí me dolió.

Pero tenía que tomar una decisión. ¿Permitiría que eso dañara mi relación con ella? ¿Explotaría verbalmente en su contra, haciendo una declaración burda con las cámaras encendidas la siguiente ocasión que estuviera con ella? ¿O permitiría que esa herida me ministrara y me hiciera una mejor persona?

Por la gracia de Dios, opté por un mejor camino. Tener a Dios como mi Defensor significa que Él siempre está buscando lo mejor para mí. En este caso, tener un mejor control de mi salud y mis hábitos fue la mejor defensa que pudo haberme ofrecido.

Así que le tomé la palabra. Dios me dio la tenacidad para comenzar a correr. Al principio resultó duro, pero persistí. Me dio un espíritu de autodisciplina mediante su Espíritu Santo y comencé a comer en una manera más saludable para mi cuerpo. El peso, tanto corporal como el de mi corazón, se redujo durante los siguientes meses.

Este es el asunto: fácilmente habría podido perder esta batalla. Podría haber tomado las palabras de mi coprotagonista y avivado una furiosa rabieta. Podría haber acariciado esa herida con hábitos todavía más dañinos. Pude haber decidido que mi lucha era con ella, más que con la verdad que estaba haciendo que mi salud se saliera de control.

No todas las heridas tienen que doler, al menos no en la manera en que a menudo las consideramos. A veces recibimos una verdad que no deseamos escuchar y hacemos del mensajero el chico malo. A mí me encanta este versículo de Proverbios: «La cordura del hombre detiene su furor, y su honra es pasar por alto la ofensa» (19:11 RVR1960). Mira, en ocasiones, lo que la gente te diga puede ofenderte por la manera en que lo dice. Puede ofenderte por la forma en que tú lo recibes. Pero podría ser que la gente esté señalando algo benéfico para ti. Si vamos a permitir que Dios sea nuestro Defensor, tenemos que discernir y madurar en cuanto a nuestro entendimiento de la diferencia entre alguien que nos está lastimando injustamente y alguien que simplemente tiene problemas de estilo.

Mientras avanzamos juntas en este recorrido y descubrimos las maneras en que Dios actúa como nuestro Defensor —a medida que identificamos los obstáculos y las distracciones que pueden evitar que experimentemos por completo su amor y su protección— tomemos un tiempo para reflexionar en la batalla con nosotras mismas.

Lee en voz alta la siguiente oración:

Dios Padre:

Tú conoces las heridas que he enfrentado en la vida. Conoces las heridas secretas de las que no he hablado. Conoces aquellas con las que me estoy enfrentando hoy. Tú conoces la manera en que me entretejiste y estás consciente del modo en que quiero responder a esas injusticias, así como a la forma en que he respondido en el pasado.

Padre, te pido que me des ojos nuevos para ver las áreas en que podría estar moviéndome con resentimiento, con un espíritu vengativo. Te pido que me des ojos nuevos para ver dónde puedo estar moviéndome por temor. Te pido que me des una mirada fresca para ver en qué área puedo estar respondiendo contraria a tu voluntad.

Padre, recuérdame que estás conmigo. Recuérdame que tú eres mi Roca, mi Fortaleza y mi Escudo. Ayúdame a pelear correctamente la más importante batalla: la que tengo conmigo misma, la batalla con mis temores, mis heridas, mi pasado, mi ira. Gracias porque me llamas amada. Gracias porque siempre actúas a favor mío, y siempre estás moviéndote en mi corazón y en mi espíritu para hacerme más como tú.

En el nombre de Jesús, amén.

Muy bien, amiga. Antes de entrar en el siguiente capítulo, creo que es hora de preparar la cena y dejar de servir el plato frío de la venganza.

dos

SIGUE EN MARCHA

HE PASADO MUCHO TIEMPO EN PEPPERMINT FOREST.

Quizá te estés preguntando: ¿Dónde rayos se encuentra Peppermint Forest y por qué Rosie ha pasado tanto tiempo ahí? ¿Es cerca de las Montañas Rocosas de Canadá?

No que yo sepa. No, Peppermint Forest yace en la soledad de la maternidad. Es el lugar donde parece que me atasco una y otra vez cuando participo en el clásico juego de mesa infantil Candy Land.

El juego Candy Land ha sido un éxito de ventas desde que salió al mercado y tiene un trasfondo muy simpático: fue desarrollado por Eleanor Abbott, una maestra jubilada que estaba recuperándose de polio en el pabellón de un hospital de San Diego, California. Ella vio lo solitarios que estaban los niños del pabellón y quiso que tuvieran un juego para mantenerlos entretenidos, uno que no fuera tan complicado, pero atrapara su atención. Incluso en la actualidad, el juego Candy Land vende más de un millón de unidades al año.[1] Ese es un gran aguante en una cultura que siempre va detrás de lo más nuevo, lo más grande y lo mejor.

El propósito de este juego es sencillo: agarra una tarjeta y mueve tu pieza en tu turno, de acuerdo con lo que diga la tarjeta, intenta llegar al final del juego lo más pronto posible. Pero, como diría cualquier agotada mamá de un niño de preescolar, que está intentando superar este juego: hay peligros en esa baraja. Justo cuando crees haber terminado el juego, tomas una de esas tarjetas que te envía de vuelta a Peppermint Forest, a las montañas gominola, adelante del pantano de melaza y de vuelta al comienzo.

Me encanta ser mamá, pero jugar Candy Land es una de esas cosas de mamá cuya sensatez me cuestiono. (Lo siento, señora Abbott). Sí, es un clásico. Sí, ayuda a los niños a saber cómo funcionan los juegos de mesa, los colores y a contar. Sí, eso cuenta como pasar tiempo de calidad con los niños. Seguramente es lindo y tiene un estilo pasado de moda. Pero, por Dios santo, ¿cuántas veces puedes atorarte en Peppermint Forest sin comenzar a perder la paciencia?

Lo gracioso es que las reglas del juego dicen que, si tienes un niño pequeño que comienza a frustrarse y a lloriquear al ser regresado al comienzo del tablero, puedes ignorar la regla y sencillamente avanzar hacia el Castillo de Caramelo, el destino y la meta finales de cada jugador. Pero ¿permitirían mis hijos que jugáramos con esa modalidad más rápida?

No.

Ellos querían jugar al pie de la letra, de modo que lo hicimos a la manera clásica. Pero mi diálogo interno cada vez que me regresaba al principio era el de un bebé gruñón que necesitaba un bocadillo y una siesta.

Resulta que Candy Land es una buena metáfora de cómo funciona mi vida espiritual, en particular con respecto a la venganza por las cosas que he experimentado a manos de otras personas. He estado progresando en mi camino, sintiendo que estoy avanzando hacia el perdón, hacia la libertad. Pero luego tomo una carta en forma de detonante, una frase pasajera, un recuerdo de antaño, una fotografía de mi adolescencia, y toda la vergüenza se suelta como un río. El progreso que he logrado desaparecerá y me encontraré de vuelta al tablero, procesando las mismas emociones y culpas, y con necesidad de la venganza que pensaba que había dejado atrás.

En el camino hacia la libertad, el hambre de venganza es la tarjeta que te envía de vuelta al comienzo del tablero.

CUANDO COMIENZA EL VIAJE

Cualquiera que sea la falta, la herida o la injusticia que enfrento, la experiencia inicial marca el comienzo de un viaje hacia un lugar donde descanso por completo al tener a Dios como mi Defensor. Es un viaje con muchos altibajos. Es un recorrido en que tengo que enfrentar algunas verdades incómodas acerca de mí misma. Es un camino que normalmente dura mucho más de lo que me gustaría. En ese viaje, a veces avanzo un par de pasos y luego me deslizo hacia atrás, de vuelta a las emociones que era mejor dejar atrás, de vuelta a las preguntas que no ayudan, de vuelta a mis propios métodos de autodefensa, en lugar de los métodos de Dios.

Solía pensar que avanzar por encima de los peligros y las faltas de mi vida era una experiencia impar, de una sola vez. Soñaba que habría un momento en que vería al agresor recibir su merecido. Buscaba un momento en que la gente que había mentido sobre mí, o usado la fama de mi hermana, o dicho algo dañino de alguno de mis hijos, experimentaría su castigo. Pensaba que, si podía ver que eso sucediera, yo sería sanada.

Estoy segura de que hay veces que la gente puede pasar la página así, habiendo resuelto todas las faltas y las heridas, y guardándolas en una cajita bien prolija, con todo y un candado que resista cualquier clase de robo. Pero en mi caso no ha sido así. Ha sido un largo juego, un viaje, una serie de victorias y reveses. Yo solía pensar que ese era un fracaso de mi parte.

Si orara más, es probable que vea las cosas enderezarse más rápidamente. Quizá si fuera más generosa en diferentes áreas de mi vida, vería venir la recompensa. Tal vez si... quizá si... posiblemente si... Solía intercambiar la «buena conducta» por el amor y el favor de Dios, algo que he hecho de igual forma en las relaciones. En mi cabeza he tenido toda una serie de regateos con el condicional "si", cosas que pensaba que intercambiaría por una garantía de que encontraría la solución a algunas de las situaciones inconclusas que he enfrentado.

¿Alguna vez has intentado negociar para terminar el viaje? ¿Has creado escenarios complejos en tu cabeza en los que, frente a una multitud hechizada, tienes la oportunidad de exponer a la persona que te lastimó, al estilo de cualquier representación teatral que hayas visto? ¿Presentas cierto comportamiento o acercamiento, con la esperanza de que eso lleve a terminar el asunto?

Estoy lista para terminar con eso. No quiero que el proceso sea largo ni laborioso. Pero entonces encuentro esto en la Palabra de Dios:

> Porque el día de la venganza está en mi corazón,
>   y el año de mis redimidos ha llegado. (Isaías 63:4
>   RVR1960)

Si estoy leyendo esto correctamente, para muchas de las cosas en que deseamos ver que Dios enderece, Él bien podría tener otro día, otro año en mente para que esto suceda. No sucederá en nuestro tiempo perfecto y más inmediato.

Lo cual significa que tú y yo nos encontramos en el camino. Yo quiero avanzar rápidamente. No quiero que me regresen al comienzo de mi tablero emocional de Candy Land, patinando, resbalándome en dirección a los feroces colmillos de la herida, la ira y la amargura. ¿Cómo lo logramos? ¿Cómo andamos el camino con vitalidad y esperanza, en lugar de resbalarnos —o atascarnos— en la situación original?

CUESTA ABAJO

Mi esposo, Abel, y yo hicimos un viaje hace algunos años. Era invierno, y dejamos nuestra soleada casa del sur de California para dirigirnos hacia el frío de Buena Vista, Colorado, que es un pequeño pueblo al pie de Mount Princeton, en las Montañas Rocosas. Me encantaría decirte que nos dirigíamos a un lugar muy bello para esquiar y que planeamos deslizarnos cuesta abajo.

Bueno, fue un gran deslizamiento cuesta abajo. Pero no en esquíes.

Nuestro matrimonio estaba en problemas, se precipitaba cuesta abajo y tal parecía que tendríamos una inevitable caída en el horizonte. No teníamos mucho tiempo de casados, solo seis meses. Pero los problemas, las peleas y las lágrimas se multiplicaban día a día, y nuestros conflictos parecían acelerarse cada vez más rápidamente como una creciente bola de nieve, mientras se aproximaban más desafíos. Decidimos que necesitábamos hacer algo, y ahí estábamos, encerrados en un coche durante quince horas mientras atravesábamos los desiertos de California y Nevada, las salinas de Utah y los bordes occidentales de Colorado, directo a lo que podría ser nuestro último intento por salvar nuestra relación.

En Buena Vista, Colorado, había un grupo de consejería matrimonial que nuestro pastor nos había recomendado. De manera que Abel y yo hicimos los arreglos, establecimos el presupuesto, empacamos nuestras valijas en silenciosa ira e iniciamos la travesía. Condujimos en lugar de volar, porque el presupuesto era muy ajustado y esa era la única manera de poder conciliar la consejería con el viaje.

Permíteme confesarte algo: tener que conducir por una tercera parte del país con alguien con quien necesitas una sesión urgente de consejería es, digamos, incómodo. Difícil.

En realidad, es extraño.

El camino que recorríamos era verdaderamente hermoso. Los desiertos altos de California y de Nevada están inundados de asombrosos matices de colores neutros, rojos y corales; y el cielo es del color azul más profundo que hayas visto. Horas y horas más tarde, cuando atravesamos la frontera estatal hacia Utah meridional, entramos en unos de los paisajes más dramáticos y gloriosos que he mirado. Riscos rojizos, valles de piedra lavada, torres de piedra. Luego llegamos al Valle del Lago Salado, con el Gran Lago Salado y la elevada cordillera Wasatch; bueno, es uno de los escenarios más extraordinarios que puedes imaginarte.

Me gustaría decirte que lo disfruté al máximo, que —al ver esa maravillosa manifestación del poder, la creatividad y la belleza de Dios— nuestros corazones se ablandaron y los kilómetros que corrían bajo nuestros neumáticos nos acercaron más.

Pero eso sería un gran no. Con *N* mayúscula.

El viaje a Colorado estuvo lleno de demasiada ira. Yo no pude disfrutar de verdad el escenario. No pude ver realmente lo majestuoso de lo que se encontraba afuera de la ventanilla de mi coche. Estaba demasiado enfocada en no hablar con Abel. Estaba demasiado concentrada en los detalles de mi herida. Me encontraba muy centrada en todo lo que estaba mal, como para poder ver lo que estaba bien en el mundo: las montañas, los cielos, los colores, el silencio. En una polvorienta parada de camiones en algún lugar del camino, finalmente decidimos al menos mirar el resto del viaje como una clase de aventura. Decidimos que no seríamos amigos, pero intentaríamos no ser enemigos. Dimos un cese al fuego para al menos poder conversar acerca de temas neutrales a medida que el día le daba paso a la noche, y todavía nos restaban algunas horas de camino.

Cuando finalmente llegamos a Buena Vista, encontramos una hermosa cabaña esperándonos. Sacamos nuestro equipaje e intentamos dormir un poco; cada uno rígidamente de espaldas hacia el otro, pegados a nuestros lados respectivos de la cama. Aunque estaba muy agotada, mi frustración ardía como un horno en mi corazón y en mi cabeza, manteniéndome despierta por horas, sustentada por la indignación y los fantasmas.

Como ves, esa era una de las partes más disparatadas de la situación entre Abel y yo. Sí, había problemas entre él y yo que teníamos que resolver; pero mucho de lo que estaba sucediendo se trataba de problemas y conflictos con la familia extendida y con mis desafíos como víctima de abuso sexual. Aunque yo ya había sanado espiritualmente, tenía varios problemas de mamá agitándose en mi corazón. Yo había pensado que mi matrimonio con Abel podía ser un nuevo comienzo, una página en blanco. Sin embargo, tal como en el loco juego de Candy Land, después de lo que pensé que era un progreso firme, ahora me encontraba resbalándome, de vuelta a las emociones y los recuerdos de los que creía haber avanzado. Cosas insignificantes que Abel hacía me enfadaban o me traían recuerdos incómodos que me volvían frenética. Los fantasmas de las heridas del pasado cobraron vida en este nuevo amor, en esta nueva vida, repitiendo antiguas canciones y patrones de antaño.

La mañana siguiente comenzamos las sesiones intensivas de consejería. Los consejeros fueron geniales, las instalaciones encantadoras, todo estaba arreglado para brindarnos la mejor oportunidad de hacer cambios en nuestro matrimonio y darnos herramientas e instrucciones para sanar. Me encantaría decirte que eso funcionó. Teníamos todos los ingredientes correctos, nos proporcionaron todo el amor, el consejo y la sabiduría que se esperaría. Los consejeros eran extraordinarios y, si algún lugar hubiera funcionado, habría sido ese.

No funcionó.

No dio buenos resultados, en absoluto.

Por favor, escúchame, no se debió a la práctica. Todo fue certero, y si en algún momento tienes la posibilidad de ir ahí, hazlo. Yo sé que a ti te puede funcionar.

Pero esta es la razón por la que no nos dio resultado a nosotros, algo muy sencillo.

Yo.

Yo no estaba lista para recibir su ayuda. Lo que yo quería era desahogarme. No quería herramientas; quería disputas. No quería paz; deseaba atestar un golpe emocional. No quería sanar; deseaba reexaminar cada herida. Deseaba revivir todo lo que me habían hecho.

No estaba lista para avanzar en el tablero. No estaba lista para dejar atrás el Peppermint Forest.

Hicimos todo lo correcto: asistimos a las sesiones, anotamos todo en los diarios, tuvimos las conversaciones forzadas frente al consejero. Pero también comimos en un silencio sepulcral, caminamos airados por las instalaciones y miramos las montañas con los ojos llorosos. Luego llegó el fin de nuestra estadía por varios días y el tiempo de regresar a Los Ángeles, y volver a los patrones que nos habían llevado allá, de regreso a los guiones repetidos de las antiguas heridas, los nuevos detonadores y la aparente desesperanza.

Empacamos nuestras valijas mientras caían copos de nieve en el exterior, pintando de blanco resplandeciente los campos del centro de retiro. Arrojamos todo a la parte trasera de nuestro Prius, nos despedimos de nuestro preocupado consejero y del personal, y comenzamos el trayecto cautelosamente por las montañas. El camino era angosto, con un empinado acantilado a nuestra izquierda, y la nieve caía profusamente. Ya teníamos una hora de recorrido, cuando me percaté de que había olvidado un medicamento en la cabaña. Decidimos dar la vuelta y regresar por él. Abel encontró un lugar para hacer la vuelta en U por la angosta carretera cubierta de nieve, y comenzó a girar cuidadosamente.

Fue entonces cuando sucedió todo.

Los neumáticos delanteros perdieron su agarre al asfalto resbaladizo mientras los traseros giraban. Estábamos resbalando por el acantilado. De alguna manera —milagrosamente—, el coche se detuvo antes de caer al fondo del barranco.

Con el corazón agitado, nuestro aliento como bocanadas frenéticas, Abel y yo nos miramos, asombrados de lo que acaba-ba de suceder y admirados de que estuviéramos bien, de que no estuviéramos hechos pedazos por las faldas del congelado barranco. Debíamos estar muertos, pero no fue así.

Logramos encender el coche y salir del barranco. Luego reanudamos nuestro largo camino a casa, con el silencio como la única melodía y conversación.

Sin embargo, este era un tipo diferente de silencio que aquel que hubo de camino a Buena Vista. Ese silencio había estado lleno de descontento y de batallas mudas. Este silencio era lleno de reflexión; de expectación, de oído, de procesamiento.

En algún lugar de Las Vegas, sintonicé la canción «The House That Built Me» [La casa que me construyó], grabada por la estrella de música country, Miranda Lambert, y escrita por Tom Douglas y Allen Shamblin. Si no has escuchado la canción, haz una pausa y escúchala. Y asegúrate de buscar la letra. Esa canción me conmueve, y en ese largo viaje a casa, me quebrantó. Comencé a llorar y llorar. Abel me pidió que hablara, que le dijera lo que sentía en mi corazón, y lo hice. Hablé en detalles de las cosas que me sucedieron, las historias que él conocía del abuso que yo había soportado, de mis años tumultuosos de adolescencia y las relaciones dañinas, y de las emociones que resultaron de ello. Sí, él ya sabía todo eso, pero ahora lo escuchaba con un propósito distinto. Él me escuchó, no solamente para comprender lo que me había sucedido y cómo eso me moldeó, sino para entenderme a *mí*. Mientras él escuchaba, me percaté de algo alarmante: tras toda aquella ira que estaba sintiendo contra él, había un dolor que no tenía relación con él.

Como sabes, nos asustamos en esa caída por el barranco tanto como para mojarnos los pantalones. De esa clase de miedo que te despierta y te hace pensar realmente en el objetivo de tu ira. En el silencio que siguió, ambos nos percatamos de lo mismo: quizá sí nos queríamos. ¿Cómo se habría sentido si uno de nosotros hubiera perdido al otro en medio de esa guerra marital? ¿Habría valido la pena aferrarse a la ira y el resentimiento?

Este pensamiento resonaba constantemente en mi corazón y mi cabeza: *No quiero que muramos antes de morir físicamente.* Ya que sabía que eso era cierto, entonces era hora de responder la siguiente pregunta: ¿Continuará la guerra o es tiempo de terminar el juego? No era tiempo de permitirme volver a los lugares que ya había visitado, ni de sentir las emociones que había sentido una y otra vez, y que ahora estaba dirigiendo hacia mi esposo. Había llegado el tiempo de avanzar, no de retroceder. Pero ¿cuál era la probabilidad?

¿Qué hubo de ese viaje matrimonial de emergencia? Bueno, no regresamos a casa reparados. Esa no fue la solución a todo lo que nos perseguía. Pero algo cambió; y en ocasiones, el cambio puede marcar toda la diferencia.

¿EN QUÉ CAMINO TE ENCUENTRAS?

Créeme, yo no fui buscando revivir las heridas que me hicieron. No es que no le hubiera echado un buen vistazo la primera vez. Pero los traumas y las heridas que sufrimos tienen un efecto: la ciencia moderna nos dice que todo lo que experimentamos crea caminos en nuestro cerebro. Si nos sucede algo bueno, algo agradable, esto crea un camino que se refuerza cada vez que lo experimentas. De forma que, si de niña te elogiaban por obtener una buena nota en el examen de vocabulario, era más probable que desearas trabajar para obtener una buena calificación la siguiente ocasión. La manera en que has sido lastimada en la vida igualmente ha establecido un camino. Cuando sucede algo similar que te recuerda la herida original, ya sea un tono de voz, un aroma, o simplemente la sensación de miedo o de inseguridad, esto puede causar que tu mente y tu corazón se tropiecen de vuelta en ese antiguo camino, sintiendo las mismas cosas y despertando el dolor.

La Palabra de Dios tiene todo tipo de versículos sobre caminos —buenos caminos, malos caminos, caminos angostos y anchos—. Nos encanta citar versículos como: «Lámpara es a mis pies tu palabra, y lumbrera a mi camino» (Salmos 119:105). Pero también es importante mirar versículos que hablan acerca de los peligros de algunos caminos, y de cómo podemos terminar en ellos si no estamos alertas. Algunos de esos caminos tienen relación con nuestra propia naturaleza pecaminosa, cuando escogemos un comportamiento incorrecto en lugar de lo mejor que Dios tiene para nosotras. Job 22:15 dice: «¿Quieres tú seguir la senda antigua que pisaron los hombres perversos?». (Me encanta que se le refiera a esta senda de los perversos como «antigua». Nos gusta pensar que hemos creado formas «modernas» de pecado, que somos creativos en las maneras de apartarnos del Señor. Pero la maldad es la maldad sin importar el siglo, ¿estoy en lo cierto?).

Pero hay otra clase de camino por el que nos movemos en nuestra vida, y este tiene sus propios peligros. El rey David lo explicó de este modo: «Enséñame, oh Jehová, tu camino, y guíame por senda de rectitud a causa de mis enemigos. No me entregues a la voluntad de mis enemigos» (Salmos 27:11-12). Lo que esto me dice es que, si no soy cauta al caminar en rectitud cuando lidio con las heridas de mi vida y la manera en que deseo que los demás sean llevados a la justicia por lo que han hecho, puedo arriesgarme a salir del camino de Dios y regresar al mismo ciclo del que estoy intentando desesperadamente escapar.

Como has de saber, hay muchas traducciones de la Biblia, y me gusta buscar los versículos en algunas de ellas. ¿Por qué hay diferentes traducciones de la Biblia? Bueno, el Antiguo Testamento de la Biblia fue escrito originalmente en hebreo; y el Nuevo Testamento en una forma arcaica de griego. Al igual que en mi idioma nativo, el español, hay palabras o frases en esos idiomas que tienen significados equivalentes en inglés. De forma que eso me ayuda a buscar un par de traducciones para tener la idea completa de lo que está diciendo la Biblia. (Puedes buscar varias traducciones fácilmente en sitios web como, www.biblegateway.com, en la Internet). Con respecto a Salmos 27, también me gusta la Nueva Biblia Viva, en la que dice:

«Señor, enséñame cómo debo vivir; guíame por la senda de rectitud, pues estoy rodeado de enemigos que me acechan. No dejes que me atrapen, Señor. ¡No permitas que yo caiga en sus manos! Porque me acusan de lo que jamás he cometido, y respiran contra mí violencia» (vv. 11-12 NBV).

Nuestro opresor es Satanás y a él le encanta evitar que avancemos. He caído en su trampa más veces de lo que me gustaría admitir. Parte de la «lógica» que el enemigo intenta presentarnos es que vengarse «reparará» las cosas. Pero la venganza es una espiral que nos lleva directo al fondo. Como no podía vengarme de quienes habían abusado de mí, dirigí mi ataque hacia mi esposo. Eso me hace pensar en un hombre de la Biblia llamado Jefté. Su historia se encuentra en el libro de los Jueces, del Antiguo Testamento, en el capítulo 11. Él quería vengarse de los amonitas, que estaban amenazando las fronteras de su tierra y habían tomado ciertas porciones del territorio familiar. Él salió a pelear contra ellos y le dijo a Dios que, si ganaba, sacrificaría a la primera persona que saliera a recibirlo. Prometer algo así nos parece insensato, pero eso fue lo que él hizo.

Jefté peleó con sus enemigos. Terminó con varias de sus ciudades y tomó todo lo que sintió que ellos le habían robado. Pero cuando llegó a casa, la primera persona que salió por la puerta principal para felicitarlo fue su hija única.

Jefté terminó sacrificándola para cumplir su promesa.

Esto suena muy extremo, ¿cierto? Pero ese es el riesgo de prometer cualquier cosa a cambio de la venganza. Desde luego que

Jefté recuperó su tierra, pero lo que él sacrificó fue algo de mucho mayor valor. Ese es el problema de ponerle un marco de tiempo a la venganza y aferrarse fuertemente a las emociones, a la indignación y a la ira que resultan cuando nuestro territorio ha sido invadido: esto puede costarnos algo más valioso. Yo me estaba arriesgando a hacer eso mismo con mi matrimonio. Al tratar de desahogarme por lo que me habían hecho, con frecuencia estaba dispuesta a sacrificar al primero que saliera a recibirme cuando llegaba a casa: mi esposo.

Esto es lo que he descubierto en este juego de la venganza: no quieres regresar al comienzo del juego.

¿Cómo evitarlo? ¿Cómo sincerarte acerca de lo que te ha sucedido, ser objetiva con tus emociones, sin enfrascarte en un ciclo extraño en el que parece que evocas todo una y otra vez?

A medida que avancemos juntas en este libro, a través de la espiral de la justicia, las islas de la idolatría, las arenas movedizas de la autodestrucción y muchos más lugares en el camino, recuerda que la relación, específicamente tu relación con Dios es el punto central del viaje. Es una misión para descubrir su posición como nuestro Defensor. Entonces, sé sincera contigo misma. ¿Es la venganza tu mayor prioridad o lo es Dios? Cualquiera sea el terreno donde te encuentres hoy, continúa leyendo. Oro que tu relación con tu Padre se convierta en el objetivo principal.

Les echaremos un vistazo a diferentes viajes que algunas personas han emprendido, todos ellos, en un intento por terminar el asunto. Algunos de ellos han dado la vuelta; otros se han ido en reversa. Todos ellos nos enseñan verdades importantes del camino resbaladizo de la venganza, y cómo encontrar un asidero firme que nos conduzca a una vida sana y abundante.

ANTES DE AVANZAR

A continuación, hay algunas preguntas importantes que debes hacerte, a medida que comienzas tu jornada hacia la sanidad:

1. ¿Sabes cuáles son tus detonadores? Amiga, escucha, esto es muy importante. Presta atención. Un detonador es cualquier cosa que te lleva de vuelta al abuso, al temor, al dolor. Con respecto al esposo que te traicionó y te abandonó, podría ser esa canción que era «su» preferida. Del jefe tóxico que te intimidaba en cada oportunidad, podría ser el lenguaje que utilizaba. Podría bien ser un sitio que se parece al lugar donde ese chico te acorralaba y te tocaba sin tu autorización. Incluso podría ser un versículo que tu pastor usaba para justificar su control excesivo. No importa qué sea, ¿sabes qué es? ¿Lo reconoces? Presta atención a la forma en que te afecta. Escríbelo. Tráelo a la memoria y reconócelo. Efesios 5:13 dice: «Mas todas las cosas, cuando son puestas en evidencia por la luz, son hechas manifiestas; porque la luz es lo que manifiesta todo». Trae a la luz todos esos detonadores y confróntalos directamente.

2. ¿Le has comunicado estos detonadores a tus seres queridos? Abel conocía mi historia, pero yo también necesitaba ayudarlo a comprender que algunas cosas podían encenderme inadvertidamente. Permíteme dejar esto en claro: yo tengo la responsabilidad de cooperar con el Señor para comenzar a desarmar el poder que algunos de esos detonadores tienen sobre mí; de forma que no es tarea de Abel estar «en guardia» constantemente ante los detonadores. Pero resulta útil que tus seres queridos comprendan que tus heridas pasadas, particularmente aquellas que continúan sin sanar, juegan un papel en la manera en que experimentas las cosas, y cómo es

32

que algunos comentarios aparentemente inofensivos pueden conducirte a grandes peleas.

3. ¿Qué es lo que más te importa: la venganza o la relación? No estoy sugiriendo que regreses con el abusador o que coloques una relación en una situación profundamente tóxica o peligrosa. Habrá gente con la que no sea prudente tener una relación para avanzar. Pero en ocasiones nos enfocamos tanto en la venganza, que olvidamos que la meta es la relación. Si la venganza es el destino de nuestro viaje, entonces este carece de sentido. Que tu meta sea encontrar tu camino de vuelta a Dios, a medida que emprendes este viaje de justicia.

tres
LA ESPIRAL DE LO JUSTO

«¡NO ES JUSTO!».

Que empiecen los taconazos por las escaleras. Que empiecen los suspiros dramáticos. Que empiecen los portazos.

Ya que soy mamá de tres niños, probablemente estés pensando que lo que acabo de escribir es un suceso muy común en nuestra casa. Estarías en lo correcto.

Pero ahora tengo que confesar lo siguiente: ¿Qué hay de ese clamor sollozante de «¡No es justo!»? ¿Qué hay de los portazos?

Bueno, todo eso es conmigo, pero ahora —en la adultez— he aprendido a hacerlo por dentro.

Anteriormente hablamos del papel que juega tu estilo de personalidad en tu travesía, cuando se trata de la manera en que deseas enmendar las cosas. Ya te he dicho que soy maestra de corazón y que puedo usar ese don como una herramienta para echar en cara el rencor. Hay algo más que he aprendido de mí misma, y esto puede sucederte a ti también: parece que estoy programada con un gran sentido de justicia. Siempre pensé que un día me convertiría en abogada. Me encanta estudiar casos jurídicos. Me encanta revisar contratos. He leído mucho al respecto y, desde luego, hay demasiados programas jurídicos de televisión que de igual manera han formado parte de mi educación. Siento una satisfacción sin igual cuando veo que atrapan al malo, cuando encuentro la cláusula escondida de un contrato que lo hace equitativo, cuando aquello que está mal es reacomodado al orden; todo lo cual tiene que ver con la idea de lo justo.

Crecí con muchos hermanos, así que créeme que siempre estábamos buscando que las cosas fueran justas. Mi hermana, mis hermanos y yo siempre estábamos pendientes de quién tenía que trabajar en el puesto del mercado tiangis (¡no es justo!), quién tenía que recolectar frutas con papá en Fresno (¡no es justo!), quién obtenía los pares nuevos de pantalones vaqueros y quién obtenía los heredados (¡no es justo!). Parece que la frase «¡no es justo!» fue una de las primeras combinaciones de palabras que mis hijos aprendieron a decir, luego de «papi», «mamá» y «¡más!».

Esta es la esencia de la primera historia de hermanos que aparece en la Biblia. Adán y Eva, el primer hombre y la primera mujer, tuvieron dos hijos: Caín y Abel. No sé qué clase de infancia tuvieron Caín y Abel, pero parece que —incluso en ese mundo nuevo y fresco— sin redes sociales ni marcas de diseñador ni juegos de video, uno de los hermanos se percató de la idea de lo que era justo y lo que no.

Como jóvenes, Caín y Abel hicieron sacrificios a Dios. Y sucedió que Dios prefirió el sacrificio de Abel por sobre el de Caín. A este eso no le gustó eso ni un poco. Él tenía su propia versión de los taconazos y los portazos. Las Escrituras dicen:

«Caín perdió el temperamento y se enfadó. Dios le habló a Caín: "¿Por qué la rabieta? ¿Por qué el enfado? Si haces bien, ¿no serías aceptado? Y si no haces bien, el pecado está esperándote, listo para lanzarse; está listo para perseguirte, tienes que dominarlo"». (Génesis 4:5-7, traducción libre de la versión The Message en inglés)

A mí me parece que Caín no pensó que la respuesta de Dios fuera justa.

Dios tenía un buen consejo para Caín. Lo instó a que terminara con la rabieta y permaneciera alerta, porque Caín estaba abriéndole la puerta al pecado al enfocarse en lo que él pensaba que su hermano había recibido injustamente. Caín no escuchó y cometió el primer asesinato registrado en las Escrituras.

Qué rápido cambió Caín de ser alguien enfocado en lo que pensaba que era recto y justo, a alguien que reaccionó verdaderamente en una manera injusta al tomar la vida de su hermano.

Yo no sé cuál era la dinámica de la relación entre Caín y Abel; la Biblia no registra los detalles de sus años de juventud. No sé si quizá Abel siempre había molestado a Caín, o si parecía que siempre obtenía lo mejor de todo, mientras Caín batallaba. Tal vez Abel resultó ser el niño de oro, mientras que Caín se sintió un poco ignorado. O posiblemente Caín estaba acostumbrado a ser la estrella y Abel era un hermano un tanto malcriado. Tal vez Caín siempre intentaba hacer lo correcto y parecía que Abel siempre se salía con la suya. Hasta que fue Caín el que se salió con la suya.

Hasta llegar a la eternidad, no sabremos lo que hizo que Caín reaccionara a la respuesta de Dios a su sacrificio de verduras y al sacrificio del cordero de su hermano. Yo no comprendo realmente la diferencia entre los dos sacrificios a los ojos de Dios. Pero lo que sé es que, con demasiada frecuencia, se me hace fácil caer en la clase de rabieta que experimentó Caín cuando algo parece injusto.

Este es el siguiente punto al que nos dirigimos en las repercusiones de algo malo que nos sucede: la espiral de lo justo. Yo puedo llegar a quedarme atascada aquí, evocando una y otra vez el enredo de lo justo y lo injusto. He pasado mucho tiempo en este enredo, quizá tú también. Es vertiginoso, desorientador y, más importante aún, evita que avancemos. Es un movimiento, pero uno que no lleva a ningún lugar, mientras luchamos por abrirnos paso a la sanidad y la confianza en Dios como nuestro Defensor.

Para mí, una de las partes más difíciles de ser alguien programado con una profunda sensación de legitimidad es que, de hecho, *sí* hay cosas profundamente injustas. De verdad las hay. Existe el niño talentoso que ha trabajado todo el año en el área de teatro de la escuela, quedándose después de clases para trabajar en el escenario y la utilería, y haciendo un increíble trabajo en su audición. Pero el sobrino de la maestra de teatro participó para el mismo papel y, lo adivinaste, se quedó con el personaje, aunque jugueteó durante toda la audición y olvidó un montón de líneas. Tenemos a la vecina que golpea los hermosos arbustos florecientes que trasplantaste del jardín de tu difunta abuela. Ella tenía derecho a cortar lo que estaba creciendo en su propiedad, pero definitivamente no necesitaba masacrar tu diseño en proceso. Está el caso de la experiencia del inmigrante que fue llevado a Estados Unidos a los cuatro meses de edad y luego, años más tarde, no puede entrar en la universidad, debido a que la «ley de los soñadores» ha sido revocada. Y luego está la compañera de trabajo que se lleva el crédito de tus mejores ideas. Ella deja tu nombre completamente fuera del correo electrónico que le envió a tu jefe después de la reunión en la que se dieron varias ideas, y la siguiente vez que escuchas sobre tus ideas es en la reunión de personal en la que tu compañera de trabajo está dando una presentación que debió haber sido tuya y está obteniendo toda la gloria.

Estas situaciones en realidad no son justas y, a menudo, no tienen soluciones meticulosas ni limpias. Estas se convierten en una ronda interminable de acusaciones mutuas, cada persona proporciona una versión diferente de la historia; y no hay una grabación secreta de seguridad que muestre lo que realmente sucedió, no hay intervención telefónica para exponer la verdadera naturaleza de la conversación, ni alguna investigación privada que revele todos los hechos.

En mi opinión, la injusticia que proviene de amigos y familiares parece que es más personal que las heridas y los agravios que suceden a mano de extraños. Si un extraño me critica groseramente en la Internet, no me gusta cómo me ha tratado, pero hay cierto grado de separación del infractor. Quizá no me guste, pero no lo siento personal. Pero si alguien que conozco, alguien que me importa y estimo, hace una declaración en los medios acerca de mí o dice algo malintencionado en mi cuenta de Instagram, la sensación es completamente distinta. En ambas situaciones se ha cometido un agravio; pero se siente más injusto cuando proviene de alguien que vive en mi mundo diario. Debido a que el agravio conlleva mucho peso, puedo encontrarme en un riesgo todavía mayor de olvidar que el pecado está asechando a la puerta, esperando ver cómo me conduciré para avanzar.

¿Te sucede eso? Piénsalo: ¿hay una situación en tu vida que parezca particularmente dolorosa, ya que involucra un nivel más personal de conexión? ¿Te percatas de que eso te hace sopesar la injusticia de la situación?

Esta es una forma en que puedes saber si estás en la legitimidad: cuando llevas a tus hijos a comer helado de yogurt, te aseguras de que todos los vasos estén llenos al mismo nivel y solamente tengan una cucharada de cobertura. De verdad, las mamás inteligentes hacemos esto para evitar el lloriqueo, si es que alguno de nuestros hijos obtuviera dos gramos más que uno de sus hermanos. Pero también lo hacemos en nombre de lo justo y lo injusto.

Esta es otra forma de saber: cuentas los obsequios debajo del árbol de Navidad e intentas asegurarte de que haya la misma cantidad para cada niño. Aunque uno de tus hijos obtenga algo mucho más costoso que abarque casi todo el presupuesto por niño, te sientes obligada a asegurarte de que cada pila tenga la misma altura de obsequios, aunque eso signifique que tengas que envolver un par de calcetines —por separado— para que todo luzca «justo».

Te entiendo, hermana, esa también es mi historia.

SECUELAS

En los días subsecuentes a la noticia de que mi hermana, Jenni, falleciera en un choque aéreo, la vida se nos puso de cabeza. La intensa emoción de incredulidad me conmovió durante algunos días. Luego golpeó mi corazón —con toda su fuerza— el colapso de una ola de realidad, un tsunami de dolor que pensé que me mantendría derrumbada y deprimida, incapaz de respirar bajo su ávida sujeción. Hubo días de adormecimiento, de una pérdida de toda sensación, todas las lágrimas habían reducido mi corazón a una costra.

En todo ello hubo detalles, pormenores que exigían atención. Detalles que tenían que arreglarse; detalles que requerían de decisiones rápidas y firmes, de consejo y sabiduría. Decisiones del funeral de Jenni. Decisiones en cuanto a fechas de conciertos y eventos. Rápidamente se reveló que Jenni me había elegido como guardiana de sus hijos y albacea de sus propiedades y negocios, lo que produjo un nuevo nivel de detalles en mi mundo. De alguna forma, encargarme de todos esos detalles trajo una sensación de orden al caos que había entrado en nuestra vida. Pasaba de una pila de papeles a otra, de una llamada a la siguiente. El dolor tuvo que filtrarse a través de las grietas del montón de tareas que tenían que llevarse a cabo.

Las semanas y los meses que siguieron al fallecimiento de Jenni fueron difíciles, interminables, nublados y duros. Aunque fue mucho más difícil y triste de lo que pude haberme imaginado, también hubo una extraña predictibilidad en ello. Desde luego que dolería; por supuesto que la extrañaría tanto en ocasiones que mis pulmones sentirían como si no pudieran inhalar aire. Claro que las lágrimas comenzarían a fluir en ocasiones sin que yo quisiera, sin control. Eso es dolor. Eso es lo que se espera.

Lo que yo no esperaba fue la gente que salió de la nada haciendo declaraciones acerca de Jenni, de su trabajo, de su legado y de sus propiedades. Escuchas esa clase de cosas en novelas victorianas, del extraño que aparece después de la muerte de un ser amado, dando alguna declaración de que se le debía esto o aquello. Pero esto era la vida real, no una historia de hace un siglo. Esto fue algo inesperado, completamente injusto.

Yo estaba determinada a hacerle justicia a mi hermana, por lo que quería asegurarme de honrar cada deseo, contrato y sueño que ella había dejado atrás. Aparecieron algunas peticiones que yo sabía que habrían sido lo que Jenni deseaba, y otras que no.

La situación más complicada con la que tuve que lidiar fue, a la vez, bastante sencilla. Se hizo una declaración sobre un proyecto en el que Jenni había estado trabajando. Estábamos avanzando para completar ese proyecto en honor a Jenni, cuando apareció un tercero y afirmó que se suponía que debía estar involucrado a un nivel extremadamente alto. Esa información me sorprendió, ya que yo sabía lo que mi hermana me había dicho de ese proyecto en particular y sus intenciones al respecto. Pero yo definitivamente quería ser íntegra en cuanto a todo el trabajo inconcluso de Jenni. «Tráigame el contrato firmado y lo averiguaremos», le dije. Es sencillo, ¿cierto? Directo, ¿verdad?

Nunca se presentó un contrato legítimo firmado. Lo que sí se presentó fue una demanda muy pública llena de declaraciones no corroboradas y afirmaciones infundadas.

Eso sacudió hasta los cimientos mi concepto de lo justo y lo injusto. Y lo que era simple —es decir, «sin contrato firmado no hay trato»—, se convirtió en una situación jurídica muy complicada.

Yo estaba apresurándome a tomar las riendas del vasto negocio y legado de mi hermana, además de convertirme en la tutora de sus hijos, haciendo lo mejor que podía para manejar y aliviar su dolor, mientras lidiaba con el mío. Demasiadas tareas y responsabilidades urgentes necesitaban completarse tras la muerte de Jenni, entre ellas, la compleja reestructuración de negocios para acatar sus instrucciones de que yo fuera la directora ejecutiva de Jenni Rivera Enterprises. Que esa demanda apareciera en medio de todo —por algo que no tenía rastro de registro, contrato ni algo que sostuviera la declaración— resultó abrumador.

Señor, ¿por qué tengo que lidiar con esto ahora? ¡No es justo!

Señor, ¿cómo pueden afirmar esto? No es lo que Jenni querría. ¡No es justo!

Señor, ¿qué le hará esto a mi reputación? Aquí estoy yo, una directora ejecutiva por accidente, y quiero que esta organización pueda confiar en mí. ¿Y ahora esto? Y Señor, ¿qué pensarán los demás de mí? ¡Eso no es justo, en absoluto!

Tuvimos que convocar a los abogados. Ellos me aseguraron que no existía ninguna declaración legal ni ética en la situación. «Entonces ¿cómo es que pueden llevarnos al tribunal? Esto tomará mucho tiempo, ¡sin mencionar el dinero!», exclamé. Aunque yo sepa mucho de leyes como para saber que la gente hace esa clase de cosas todo el tiempo —llevar declaraciones infundadas al plano jurídico— es distinto cuando te sucede a ti.

Los abogados fueron geniales desde el principio y nos preparamos para nuestro día en los tribunales para defender el legado de mi hermana y sus deseos. Yo estaba lista, preparada para entrar de lleno a largo plazo, lista para lo que se necesitara hacer con el fin de revertir las acusaciones y las réplicas que se habían levantado debido a esa situación. Yo iba a invertir el tiempo que fuera necesario, los recursos y la pasión que se requirieran para redimir la memoria y el buen nombre de mi hermana.

El juego había comenzado.

Te dije anteriormente que soy una luchona, una guerrera. Yo estaba demasiado enfadada y herida para permanecer en el cuadrilátero y hacer lo que se necesitara para ganar.

Estaba lista para pelear como una Juana de Arco moderna. Juana fue una chica sencilla que vivió en el siglo quince. Cuando los ingleses comenzaron a atacar su casa de campo en Francia, Juana se embarcó en un viaje peculiar. Ella tuvo lo que sintió ser un encuentro santo con un ángel, que le dijo que peleara por el rey francés contra la invasión inglesa. Sin experiencia previa como soldado, y en tanto que mujer en un mundo de hombres, Juana se enfrentó con el enemigo para defender a su rey, Carlos VII. En el corto plazo, a Juana no le pareció una gran victoria. Fue capturada por los ingleses y llevada a juicio. Finalmente, fue sentenciada a muerte a la joven edad de diecinueve. Pero veinticinco años después de su muerte, el caso fue reabierto y ella fue exonerada completamente, encontrada inocente de todos los cargos que se presentaron en su contra. Las declaraciones hechas en su contra fueron rechazadas, y cinco siglos más tarde, la Iglesia Católica la proclamó como santa.[1]

Ahora, yo definitivamente esperaba evadir la parte del combate armado de la historia de Juana, junto con la sentencia de ser quemada en la hoguera que ella cumplió. Pero definitivamente estaba lista para entrar en acción como Rosie de Long Beach, defensora de mi hermana; y estaba preparada para que eso tomara un tiempo.

La fecha para que comenzara la lucha en los tribunales se acercaba cada vez más y los abogados tenían muchas más reuniones. Un día, el abogado principal me llamó y me pidió que me dirigiera a su oficina, porque tenía algunos desarrollos del caso que deseaba discutir. Salí de mi oficina y me encontré con él en la sala de juntas de su equipo, todo resplandeciendo con el cromo y el cristal. Había una garrafa de agua con hielo en el centro de la amplia mesa de conferencias, y el vapor burbujeaba en el exterior de las ventanas de cristal que la rodeaban. Al observar su expresión, tragué un poco de aquella agua, sintiéndome nerviosa de pronto con lo que él necesitaba decirme. Charlamos un poco y él me preguntó por Abel y los niños, inquiriendo cómo se encontraba mi mamá. Yo le respondí secamente, temiendo escuchar aquello por lo que me había llamado, impaciente por terminar con todo.

Al aclarar su garganta, comenzó:

—Bueno, tenemos una actualización. La otra parte quiere hablar de un acuerdo...

45

Yo salté de mi asiento.

—Por supuesto que no. ¿De verdad? ¡Sabemos que esta es una afirmación completamente falsa! ¡Quiero que el nombre de Jenni se limpie! ¿Por qué aceptaría ese tipo de cosas? —Apenas podía recuperar el aliento de lo furiosa que estaba.

—Rosie —dijo amablemente el abogado—, llegar a un acuerdo no significa que estemos conformes con ellos o con su demanda. Quiero que tomes un tiempo para pensar en lo que realmente significaría pasar por todo el proceso jurídico. El costo mismo sería astronómico. Al aceptar el convenio de acuerdo, podrás resolver esta situación a un costo mucho menor y no tendrás que gastar más dinero en esto. Ahora, parte del acuerdo sería que no podrías discutir los detalles del mismo. Tendrás que soltar algunas cosas para que el acuerdo se concrete, entre las cuales se encuentra el hecho de que tienes que liberar, por decirlo así, a la otra parte.

Ten por seguro que yo no quería un acuerdo. Para nada.

Estaba lista para gastar lo que fuera. Estaba lista para tomar el tiempo que fuera necesario. ¡Eso no era justo! Y no quería hacerlo más injusto dándome por vencida.

Eso era lo que un acuerdo significaba para mí un: rendirme.

Salí de la oficina del abogado sin ninguna intención de aceptar acuerdo alguno. Pero como solo Él puede hacerlo, Dios comenzó a trabajar en mi corazón. Yo comencé a sentir el impulso de, al menos, pensarlo. Ese impulso me paralizó. Luché y oré. Investigué todo. La sensación que esa situación me provocaba iba en espiral, la sensación de cómo había estado arrastrando por el lodo la memoria de mi hermana, y cómo estaba mancillando mi reputación igualmente.

Dios —oré—, *tú sabes que todo esto es muy injusto. No hay forma de que tú quieras que yo contemple un acuerdo. ¿No estaría... mal?*

Sentí que Él me recordó estas palabras en mi corazón: *La paz vale mucho más.*

Eso fue profundo, pero no era lo que yo deseaba escuchar. Continué buscando, continué rogando y negociando con Dios para hacer que la otra parte no solamente cancelara la demanda, sino que también viniera a rastras por una disculpa por todo lo que nos había hecho pasar.

Mientras buscaba, comencé a escuchar estas palabras asentándose lentamente en mi herido corazón: *Solo confía en mí.*

Continuaba peleando impacientemente con esta idea en mi mente y en mi corazón, cuando el abogado me dejó mensaje tras mensaje sobre la necesidad de decidir por un acuerdo o por extender otro gran cheque para continuar pagando a los abogados y prepararnos para pelear. Ir a juicio representaba meses y meses de preparación, tal como estábamos tratando de aprender a vivir una nueva normalidad como familia. Pero yo continuaba atrapada en la vertiginosa espiral de la injusticia de todo eso.

Mis conversaciones con Dios estaban llenas de más pruebas de la ridiculez de la situación, de la falta de bases en las declaraciones de la otra parte, de la frustración de no ver la mano de Dios intervenir y enderezar todo eso. Él parecía estar callado, pero yo necesitaba su dirección.

Y sucedió un día. Lentamente. Amablemente. E igualmente directo.

Deja morir tu ego.

Yo quería creer que no había escuchado bien. Deseaba creer que, porque yo tenía derecho, Él nunca me pediría que examinara mi corazón en medio de ese enredo. ¿Lo haría? ¿Cómo podría ser eso justo? Yo no fui quien comenzó todo eso.

JUICIOS INJUSTOS

Resulta que no soy la única seguidora de Dios que enfrenta un juicio injusto. Mi Salvador enfrentó uno y mucho peor. La única persona que ha caminado en esta tierra sin pecado —Jesús— fue acusado de toda clase de cosas. Su reputación fue difamada, sus intenciones incomprendidas y todo eso lo llevó al tribunal más alto de Jerusalén, frente al gobernador de la región, Pilato. Mateo registró lo que sucedió:

> Entonces, cuando los principales sacerdotes y los ancianos presentaron sus acusaciones contra él, Jesús guardó silencio.
>
> —¿No oyes todas las acusaciones que presentan en tu contra? —le preguntó Pilato. Para sorpresa del gobernador, Jesús no respondió a ninguno de esos cargos (Mateo 27:12-14 NTV).

«Jesús no respondió a ninguno de esos cargos». Todavía me da rabia, la imagen de Jesús permitiéndoles hacer toda clase de acusaciones acerca de las cosas que no eran su intención ni su deseo. ¡Y se salieron con la suya! La injusticia me hace arder. Y, tengo que admitirlo, este pasaje me confunde en ocasiones. Después de todo, el mismo Jesús hizo esto:

> Estaba cerca la pascua de los judíos; y subió Jesús a Jerusalén, y halló en el templo a los que vendían bueyes, ovejas y palomas, y a los cambistas allí sentados. Y haciendo un azote de cuerdas, echó fuera del templo a todos, y las ovejas y los bueyes; y esparció las monedas de los cambistas, y volcó las mesas; y dijo a los que vendían palomas: Quitad de aquí esto, y no hagáis de la casa de mi Padre casa de mercado. Entonces se acordaron sus discípulos que está escrito: El celo de tu casa me consume (Juan 2:13-17)

Este es el mismo Jesús que regañó a los hiperreligiosos y a aquellos que dominaban sobre la gente con su religiosidad. Este es el Jesús que no ahorraba palabras en esas situaciones. ¡Y no perdamos de vista que Juan dijo que, de hecho, usó un azote de cuerdas para echar a la gente del templo! ¿Puedes imaginar que una situación como esa sucediera ahora? Y, sin embargo, el mismo Jesús que tan valiente y drásticamente defendió al pobre y al malo, que se negó a permitirle a la gente aprovecharse en el templo y que no se acobardaba en un debate, no se defendió a sí mismo frente a Pilato. ¿Por qué?

Desde luego, como seguidores de Jesús, nos decimos a nosotros mismos que se debe a que las acusaciones, la burla de un sistema judicial y la cruz tenían que suceder para nuestra salvación. Pero ¿por qué Jesús no se defendió específicamente a sí mismo? Los principales sacerdotes y ancianos continuarían clamando por su arresto y su castigo, sin importar lo que dijera. El camino hacia la cruz habría sido igual. Decir las cosas y hacerles saber lo injusto que era, no habría cambiado las cosas.

Y luego encuentro estas palabras de Pablo:

Haya, pues, en vosotros este sentir que hubo también en Cristo Jesús, el cual, siendo en forma de Dios, no estimó el ser igual a Dios como cosa a que aferrarse, sino que se despojó a sí mismo, tomando forma de siervo, hecho semejante a los hombres; y estando en la condición de hombre, se humilló a sí mismo, haciéndose obediente hasta la muerte, y muerte de cruz. (Filipenses 2:5-8)

Ahí está: Se humilló a sí mismo. Jesús no permitió que el orgullo fuera parte del cuadro. Cuando se defendía, era por causa de los demás. Cuando reprendía, era para ratificar lo mejor de Dios. Pero cuando la gente levantaba falsas acusaciones en su contra, Él permanecía callado.

DEJA EL ORGULLO

Deja morir el orgullo.

Las palabras de Dios continuaron penetrando mi corazón, cerniendo suavemente lo que subyacía. Él tenía razón, bueno, desde luego. Él siempre tiene razón. Aunque yo no quisiera creerlo, había orgullo involucrado en ese embrollo jurídico. Yo deseaba probar que había sido completamente honesta y ética en la administración del proyecto de Jenni. Un acuerdo me quitaría eso. Pensé que necesitaba una exoneración pública que aliviara mi corazón.

Y mi orgullo.

Suspiro.

Dios tenía razón. Cuando le permití hacer una limpieza intensiva de mi orgullo, había muchas razones importantes para considerar el acuerdo. El deseo de mi hermana había sido que yo supervisara todo lo que ella había dejado para sus hijos, y yo estaba comprometida a ser una buena administradora de todo eso. Invertir sumas incalculables de dinero para pelear esa demanda no habría representado un buen uso de los recursos por los que Jenni había trabajado tan duro. De alguna forma, en toda la injusticia, mi orgullo se había levantado y tomado el control, y como resultado, yo no andaba en línea recta para arreglar las cosas, sino que estaba desviándome peligrosamente hacia la venganza, la justificación y el «te voy a demostrar que tengo la razón».

Estoy segura de que el abogado se sorprendió cuando lo llamé para pedirle que nos viéramos. Estoy segura de que después de mi apasionada negativa a considerar el acuerdo, sintió como un latigazo cuando le dije que era tiempo de ver los detalles. Después de más oración, de muchos detalles que ajustar, de más oración y, sí, de algunas lágrimas de frustración, avancé con el acuerdo. Nadie quedó más sorprendido que yo.

Posiblemente quienes se encontraban del otro lado del problema quedaron igualmente sorprendidos. No lo sé. Quizá vieron alguna clase de victoria parcial, dada la suma por la que inicialmente habíamos puesto la demanda. Tal vez algunas personas interpreten mi cumplimiento del acuerdo como una clase de admisión de culpabilidad.

No lo es. Créeme, sigo estando incondicionalmente firme más que nunca, convencida de que los proyectos de mi hermana se han completado de acuerdo con la ley, con los contratos válidos firmados, y con sus deseos. Todavía me enfada la injusticia de lo que sucedió. Puede haber gente que, sin saber cómo funcionan los acuerdos y lo que significan, piense que yo «perdí». De hecho, gané. Gané algo poderoso.

Gané el tiempo con mi familia en que ellos me necesitaban más, enfocándome en ellos y no en el maratón de estrés que un juicio habría producido.

Gané una paz que es mucho más valiosa que una pelea.

Y descubrí que mi orgullo puede enredarse en esta espiral de lo justo y lo injusto.

¿Y qué hay contigo? ¿Por qué estás peleando? ¿Si hubiera una manera de llegar a un acuerdo hoy con lo que te hicieron, esa situación que te ha mantenido atada durante semanas, meses o años, lo harías? ¿O la pelea —el escozor por asegurarte de que te has hecho escuchar, comprender y ver— seguirá agregándole combustible a un fuego voraz?

Deseando verte ser libre, quiero pedirte que hagas una oración extremadamente peligrosa. Mira, no es fácil escapar de la espiral de lo justo y lo injusto. Entramos en su corriente, pensando que hay una sola salida al fondo del vórtice, donde creemos que todo será revelado y seremos públicamente absueltas. Pero la espiral de lo justo y lo injusto no funciona de ese modo.

Haz la siguiente oración:

Señor Dios, examíname y conóceme, tal como escribió tu siervo David en Salmos 139. Muéstrame en qué lugar esta batalla ha dejado de ser por lo justo y dónde se ha involucrado mi orgullo. Muéstrame cuál es la manera justa de arreglar este asunto. Sí, Señor, sé que me costará terreno, pero sé que el terreno que tienes para mí es bendecido. Ayúdame a saber pararme como Jesús, en silencio delante de los acusadores injustos, su silencio fue finalmente una fuerte proclamación de poder, de justicia y de amor. Muéstrame, Señor, y dame la valentía para verlo.

En el nombre de Jesús, amén.

Hermana, no hay nada de malo con tener un fuerte concepto de justicia e injusticia. Te entiendo. Pero la justicia y la injusticia siempre se enredarán en este mundo quebrantado. Cada una existe en contraste con la otra. A veces, para mantenerte fuera de la espiral necesitas llegar a un acuerdo. Eso significa que nadie obtiene por completo lo que desea; pero también significa que no podemos huir del vórtice.

La palabra *acordar* en realidad es una palabra antigua que proviene del siglo dieciséis, y significa «banca grande». Y así es como pienso al respecto. Cuando llegamos a un acuerdo en una lucha, cuando llegamos a un acuerdo en una situación jurídica, cuando llegamos a un acuerdo cualquiera, yo me veo a mí y a la otra persona como aceptando sentarnos juntos en una banca grande. Podemos mantener la distancia. Definitivamente no tenemos que coincidir en cómo sucedieron las cosas o cómo resultaron. Pero hemos detenido el vórtice. Podemos salir de la espiral de lo justo. Hemos salido de las náuseas vertiginosas, y nos sentamos ahí, instalados. No es darnos por vencidas. No es cambiar nuestra definición de lo que es correcto. Pero puedes recuperar el tiempo. El enfoque. La emoción. No permitas que aquello que no es justo consuma injustamente tu vida y tu corazón.

Lo justo y lo injusto sentados en una gran banca. Esa es su propia clase de paz, como aquella que se lleva el orgullo y trae de vuelta la calma.

Y luego tenemos lo siguiente: ese mismo Jesús que estuvo en silencio delante de sus acusadores, les dijo a sus seguidores:

«Ponte de acuerdo con tu adversario pronto, entre tanto que estás con él en el camino, no sea que el adversario te entregue al juez, y el juez al alguacil, y seas echado en la cárcel» (Mateo 5:25).

Escucha a Jesús, tanto lo que dice como lo que no dice, y encuentra la paz que sobrepasa lo justo y lo injusto. A veces el destino al final de la espiral de lo justo es una gran banca en la que la invitación yace en espera, pidiéndonos que nos sentemos un rato. Sé que no es tu lugar preferido de descanso; pero te aseguro que, en ocasiones, es donde necesitamos ir para tomar un respiro antes de partir al siguiente destino del recorrido.

ANTES DE AVANZAR

1. ¿Tienes un fuerte concepto de lo justo y lo injusto? ¿De dónde crees que provenga?

2. Cuando tienes un desacuerdo con alguien en tu grupo de amigos, tu familia o tu comunidad, ¿te parece el desacuerdo todavía más injusto? ¿Por qué sí?

3. ¿Qué tan difícil te es llegar a un acuerdo? ¿Sientes que es como darte por vencida? ¿Qué podrías estar arriesgando al no llegar a un acuerdo?

cuatro
LAS ISLAS DE LA IDOLATRÍA

¿CIARA Y YO?

Somos muy buenas amigas. Ella todavía no lo sabe.

¿Conoces a Ciara, la asombrosa cantante, compositora y modelo? Esa que tiene todos esos éxitos dignos de bailar, que actúa en películas, aparece en televisión y en la moda. Esa Ciara.

Ella es mi mejor amiga, aunque todavía no le haya llegado el aviso de nuestra amistad.

Pero un día se enterará de todo lo que yo ya sé. Estamos destinadas a ser hermanas del alma, mejores amigas, todo el paquete. Me encanta, me fascina, me atrae su música. Y creo que todas coincidimos en que es mejor bailarina que J.Lo o que Britney Spears.

¿No lo crees? Convénceme de lo contrario.

Yo le digo a todo el mundo todo el tiempo que un día cercano, Ciara y yo seremos las mejores amigas. Solo voy a tener que seguir confesándolo.

Debido a esta profunda relación futura que tengo con Ciara, podrás imaginarte cuán alborozada me sentí cuando supe que ella estaría en el mismo evento de Beautycon al que yo iba a asistir. Te digo que es el destino. Debido a mi trabajo en la industria de la belleza, siempre es un honor ser parte de Beautycon. Beautycon es la experiencia suprema de todo lo relativo al maquillaje, la moda y el bienestar personal. Los eventos se llevan a cabo anualmente en Los Ángeles, Nueva York y Tokyo, Japón. Hay celebridades por todos lados, desde estrellas de YouTube a líderes de negocios. En cada lugar se ofrecen cambios de imagen a las asistentes, así como asombrosos conciertos y charlas inspiradoras. Ese es uno de los momentos cumbre de mi año, por lo que ansío ver a quién anuncian para el programa. Beautycon ha recibido a Arianna Huffington, a Kelly Rowland, a Tina Knowles y a Priyanka Chopra, por mencionar sin modestia a algunas. ¡Luego están todos los obsequios, todas las muestras de maquillaje y artículos de cuidado personal! Para aquellas de nosotras que amamos la industria de la belleza, es realmente como Navidad en agosto. Yo he tenido el honor de formar parte del equipo durante los años anteriores. Estoy orgullosa de representar a las mujeres latinas en la industria de la belleza.

Y ahora, la noticia era que Ciara actuaría en Beautycon. Bueno...

Llevé a mi hija conmigo y me abrí paso entre la multitud hasta el borde del escenario. Es probable que haya dado uno que otro codazo. Pero escucha, Ciara me necesita y haré lo que sea necesario para llegar a ella. La multitud que nos rodeaba estaba gritando, esperando que ella saliera. Todas estábamos ahí para apoyar a nuestra chica.

La música de introducción comenzaba a sonar y, de pronto, ¡ahí estaba ella! Justo frente a mí, con la letra sonando en el aire y los movimientos de baile precisos. Yo gritaba y cantaba, saltando de arriba a abajo. Me sabía cada palabra, cada movimiento de baile e iba al compás del ritmo.

Mi hija, Kassey, estaba aterrada.

La gente a nuestro alrededor comenzó a reconocerme, a tomar fotos y videos de mi actuación de canto, baile y movimientos con Ciara. Mi hija estaba mortificada en dos niveles: el primero, que su mamá estuviera completamente danzando en un concierto de Ciara; y segundo, que la gente estuviera grabando a su mamá haciendo eso y, de seguro, estaría por todas las redes sociales al final del día.

A mí no me importó. Yo estaba disfrutando el mejor día de mi vida.

Ciara es creyente, y el testimonio de su vida me enciende cada vez que lo escucho. Me encanta cuán dulce y sinceramente ha hablado de su fe, de cómo su esposo, Russell Wilson, y ella, están viviendo su matrimonio bajo preceptos cristianos. Sus letras están llenas de alusiones al perdón, la redención y al amor mutuo. La admiro como mujer, como líder de negocios, como esposa y como mamá.

Y, desde luego, como bailarina.

Entre una canción y otra, Ciara dedicó un momento a hablarle a la multitud acerca de la diferencia entre amargura y belleza. Había demasiado poder, demasiada sabiduría en lo que dijo, y cuando hizo una pausa para tomar un respiro, le grité: «¡Predica, chica!».

Ya sabes, para apoyarla.

Ciara se rio, me miró directamente y afirmó: «Ella lo dijo: "¡Predica, chica!"», y se rio de nuevo.

Se los dije, chicas. Se los dije. Estábamos destinadas a ser las mejores amigas. Ese fue un grandioso primer paso.

Eufórica, volteé a ver a mi hija que estaba junto a mí, deseando asegurarme de que hubiera visto la confirmación de mi conexión con Ciara. Ella estaba parada con la boca abierta. «¡Nunca te he visto así! —susurró—. ¿Qué te sucede?».

¿Qué me sucede? ¡Todo está bien, mi niña! ¡Ciara me observó! ¡Me gritó! ¡Interactuó conmigo! Uno de estos días, mi hija comprenderá el momento tan significativo que pudo presenciar.

La gente que ya había visto quién era yo continuó grabando. Pero para quienes no me conocían, el que Ciara se diera cuenta de mí, me extendió su fama. ¡Ahora yo era la chica de la multitud que le dijo que predicara! Tengo que admitirlo, salí de ese concierto en el séptimo cielo. Yo era la fanática que había sido reconocida por su ídolo de baile, y eso se sentía bien.

Descubrí que Ciara estaría al siguiente día en un panel, por lo que ansiaba otra oportunidad de interactuar con ella. Ahora, normalmente soy alguien que sigue las reglas al pie de la letra. Dime dónde está la línea y yo me honraré de mantenerme dentro de ella. Pero, vamos, esa situación era una excepción. Técnicamente, yo no tenía un boleto de entrada al panel en que Ciara participaba.

(Y al decir técnicamente, me refiero a que no tenía ningún boleto. Ninguno. Pero no importa). Ese tecnicismo en esa situación no me iba a amilanar. Llegué al salón donde se estaba llevando a cabo su panel y busqué una manera de colarme. Todo marchaba bien, hasta que el guardia de seguridad del panel me vio y quiso ver mi boleto. Yo intenté decirle que también era un «talento» de Beautycon y le rogué —inútilmente— que me permitiera quedarme. Resultó que a él también le gustaba seguir las reglas al pie de la letra y, bueno, me escoltó hacia afuera del lugar. Así que me las arreglé para que me echaran de mi propio evento.

Ciara, eso es lo que las amigas hacen por las demás. Es decir, las futuras amigas.

Una vez más, mi hija estaba horrorizada. Ella no podía creer que su mamá, la seguidora de reglas, se hubiera involucrado en tales tácticas y, además, hubiera sido echada de un evento de Beautycon. Todavía mantenía la esperanza de que ella finalmente me diera algunos puntos por ser genial, pero hasta ahora no había tenido suerte. ¡Gracioso!

Había un elemento más en la lista de cosas por cumplir en cuanto a Ciara. Ya que habíamos tenido ese profundo momento el día anterior —cuando ella se rio y se dio cuenta de que yo había gritado: «¡Predica, chica!», en respuesta a su asombrosa exhortación a la multitud—, pensé que debía hablar con ella a través de sus redes sociales, ya sabes, para permanecer en contacto. Así que le envié un mensaje privado a través de Instagram y me presenté.

«¡Hola, Ciara! —escribí—. Soy Rosie Rivera y estuve en tu asombroso concierto ayer en Beautycon. Soy la mujer que estaba en la fila delantera, cantando y bailando todas las canciones. También soy la que te dijo que predicaras cuando le estabas hablando a la multitud. ¡Solo quería decirte que te admiro y aprecio el trabajo que haces! Y, como todas sabemos, ¡bailas mucho mejor que J.Lo y que Britney! De cualquier forma, ¡me gustaría estar en contacto contigo! ¡Que Dios te bendiga!».

Todavía no me ha respondido el mensaje.

Está bien.

Muy bien.

LAS ISLAS PELIGROSAS

El antiguo relato de la *Odisea*, un clásico que muchos leímos en la secundaria, es una historia griega sobre un hombre llamado Odiseo y de su viaje de varios años tratando de hacerse camino a casa después de la guerra de Troya. A lo largo del trayecto, se topó con muchos desafíos y encuentros extraños, los cuales tuvo que vencer. Muchos de esos sucedieron en una serie de islas. Por eso visitó la isla de los Lotófagos, un lugar donde fue tentado a terminar su viaje y simplemente vivir tranquilo. Fue a la isla de Cíclope, una horrible criatura que intentó destruir a Odiseo y a sus hombres. Casi fue a la isla de las Sirenas, donde le esperaba el desastre; pero logró tapar sus oídos para no escuchar el llamado cautivador de las Sirenas y así evitar la catástrofe. Y el viaje continuó. Odiseo tuvo contacto con muchas islas, cada una de ellas con posibles recursos que le ayudarían en su viaje o con enemigos que intentarían evitar que llegara a casa.

Así es como pienso en cuanto a la siguiente parte del viaje en el que tú y yo nos encontramos. Hay algunas islas peligrosas por delante, lugares que considero islas de la idolatría. Debemos conseguir pasarlas para confiar completamente en Dios como nuestro Defensor.

DESECHA LOS ÍDOLOS

En nuestra cultura usamos mucho la palabra ídolo. Tenemos el programa American Idol, la exitosa serie en la que la gente compite para convertirse en el siguiente gran talento musical. Cuando admiramos a alguien por su profunda predicación, hablamos de «idolatrarlo». Después del fallecimiento de Jenni, incontables personas nos dijeron, a nosotros directamente o en entrevistas, que ella había sido su ídolo. Tomamos muy a la ligera la idea de idolatrar a alguien, por lo que normalmente lo hacemos en una manera halagadora sobre alguien que admiramos.

Obviamente hay riesgos subyacentes a idolatrar a alguien. He visto personas idolatrar a sus cónyuges. He visto gente idolatrar a un mentor o a un maestro. He visto personas cuyo camino de fe fue destruido cuando el pastor al que seguían tomó decisiones malas. Esas personas han idolatrado al pastor, de modo que cuando este muestra ser igualmente susceptible que ellos al pecado y a la tentación, eso estremece por completo su mundo. Esta es una de las maneras en que puedes identificar si has elevado demasiado a alguien en tu corazón o en tu mente: si esa persona te decepcionara, ¿sería devastador o meramente triste?

Al reflexionar puedo ver que muchas veces he idolatrado a alguien (Ciara no cuenta...). Cuando hacemos eso, no estamos tomando una buena decisión. Esto pone mucha presión y atención a la persona sobre la que nuestra idolatría está enfocada. Y más importante todavía, a Dios le deshonra que coloquemos a un ser humano por sobre Él en cuanto a nuestro afecto, pensamiento y búsqueda. Es peligroso, porque nos predispone a la decepción y quita nuestros ojos de Dios.

Hay otra clase de idolatría a la que tenemos que estar igualmente pendientes de evitar, si no es que más: idolatrar a la venganza. Esta es la primera isla de la idolatría que necesitamos examinar en nuestro viaje a la justicia.

Así es. Es muy posible que hagamos un ídolo del mal que hemos sufrido, de la situación o de la persona que nos lastimó. Eso puede resultarte un poco confuso si solamente asocias al ídolo con una celebridad o con alguien que admiras. Pero ídolo es cualquier cosa, *cualquier cosa*, que se vuelva más grande que Dios en nuestra vida. Y creo que las ocasiones en que nos han lastimado, cuando deseamos ver a alguien pagar por lo que nos hizo, pueden convertirse en nuestro enfoque.

La venganza puede convertirse en nuestro ídolo indeseado, resentido y escabroso al que podemos regresar y del que podemos hablar una y otra vez.

Piénsalo. Esa mujer que te sonaba el claxon en la fila de la escuela, aquella que estaba convencida de que debías acelerar en el tráfico que se aproximaba, solamente porque quizá pensaba que su cita con la manicura era más importante que el que tú llevaras a tus hijos con seguridad a casa; ¿cuánto tiempo seguiste pensando en ella? ¿Surgió una fantasía en tu cabeza luego de llegar a casa, la fantasía de que te bajabas de tu coche y le decías la razón? ¿Llamaste a una amiga y le contaste todo de esa impaciente mujer y su descortés claxon? ¿Cuánto tiempo de la tarde y la noche dedicaste a darle vueltas a ella y a su comportamiento, y a la manera en que deseabas haberte desquitado?

Ahí está. Un pequeño ídolo. No es uno de gran dimensión, todavía. Pero las piezas están ahí y, la siguiente ocasión que te la encuentres, si vuelve a ser descortés o no se disculpa, más pensamientos se van a acumular para construir la estrategia interna de la revancha. Ah, puede ser que nunca la confrontes de verdad. Pero el altar sigue estando ahí: un lugar de tu mente en el que revives su descortesía y su comportamiento.

Entre más grandes sean las heridas de nuestra vida, más grandes serán los ídolos. El abusador, el padre tóxico, el amigo que te dio una puñalada por la espalda. Esos ídolos pueden volverse tan grandes en tu vida que te expriman todos los pensamientos de felicidad y de realización.

Quizá estés pensando: ¡Ah, Rosie! Sí, eso suena bastante parecido a lo que me sucedió. Y sí tengo sentimientos profundos al respecto. ¡Pero no creo que los haya elevado al estatus de ídolos!

Querida hermana, por favor, escúchame. Yo ya lo viví. Por Dios, todavía paso por ahí en unas cuantas circunstancias en mi vida. No tengo todo arreglado. Pero lo que sí sé es que cuando permito que la amargura y el resentimiento comprensibles hacia alguien que me ha lastimado estén al frente y al centro de mis pensamientos, me desvío hacia la idolatría.

El apóstol Pablo nos advirtió sobre esto. En su carta a la iglesia de Colosas, habló con mucha sabiduría de estar vigilante ante esta clase de sentimientos. En Colosenses 3:5 escribió: «Haced morir, pues, lo terrenal en vosotros: fornicación, impureza, pasiones desordenadas, malos deseos y avaricia, que es idolatría». Sé que en esta versión, algunos de los escritos de Pablo pueden sonar como una obra de Shakespeare, pero examinémoslo juntas. Observa esa frase: *pasiones desordenadas*. Busqué un poco más profundamente esa frase en el idioma griego original de la Biblia, y esto es lo que encontré. Se trata de la palabra *pathos*, que se define como sigue:

1. Lo que le sucede a uno, sea triste o alegre.
   a. [Específicamente] una calamidad, un contratiempo, un mal, una aflicción.
2. Un sentimiento en el que la mente sufre.
   a. Una aflicción de la mente, una emoción, una pasión.
   b. Un hecho apasionado.
   c. Utilizado por los griegos en sentido bueno y malo.[1]

¿Entendiste eso? «Pasiones desordenadas» puede referirse a tener una fuerte conexión con algo que nos ha sucedido, especialmente si es una calamidad o un mal. Y eso es parte de una lista que Pablo llamó idolatría.

Corremos el riesgo de hacer ídolos de algunas cosas cuando nos han lastimado. Una de ellas es el profundo deseo de ver que la gente pague por lo que nos hizo. Podemos obsesionarnos con eso, colocarlo como lo principal que vemos en el parabrisas de nuestra vida. Mientras estamos atoradas en el tráfico, componemos y practicamos una y otra vez el argumento represivo que le daremos a ese jefe por la horrible forma en que nos trató.

Pero aquí está la otra parte de la ecuación, el lugar donde me he atascado más veces de lo que me gustaría admitir. Esta otra isla de la idolatría donde puedo quedarme varada.

Es el deseo de que la gente reconozca y comprenda lo que nos hizo y cómo nos hizo sentir. Pensamos que podremos avanzar si estamos seguras de que esa persona está arrepentida y ha experimentado por completo la profundidad de nuestra herida. Pero rara vez obtenemos esa satisfacción. Podemos empujar y presionar a la otra persona para que sienta completamente lo que nosotros experimentamos, pero con frecuencia eso no sucede.

No obtenemos esa resolución y podemos obsesionarnos por cómo conseguirla. Podemos llegar a creer que lo único que nos permitirá sanar es ver que la otra parte viva la venganza que se merece. Cuando esa obsesión se arraiga, comenzamos a adorar al ídolo de la venganza, confiando en él como algo santo que puede reparar nuestro corazón quebrantado.

Yo deseaba con todas mis fuerzas que el hombre que abusó sexualmente de mí no solo aceptara lo que hizo, sino que también me mostrara lo mal que se sentía al respecto; que se retractara, si podía. Quería que comprendiera lo que me costaron sus acciones, que me robaron mi infancia, que condujeron mi vida juvenil por una espiral hacia la autodestrucción. Pensé que si eso sucedía, cuando fuera, yo sería sanada. Y permití que su posible arrepentimiento y reconocimiento futuros se convirtieran en un poderoso bálsamo potencial, en la medicina necesaria para mi corazón golpeado.

Pero no sucedió así. Y tambaleé al borde de la idolatría.

En ocasiones he sentido que mis sentimientos acerca de las cosas que me han sucedido y de los instigadores, son muy justos. Soy una de esas personas que puede estar lista para enredarse, lista para apresurarse a entrar, enderezar las cosas y disparar los cañones. Detesto cuando parece que la gente mala se sale con la suya con cosas malas. Por alguna razón, a menudo he pensado que si tan solo pudiera enfocarme lo suficiente en lo que sucedió y quién lo hizo, entonces de alguna forma podría mantenerlo igualmente en los primeros lugares de la lista de Dios. Lo he sentido como algo bueno, algo proactivo en situaciones en que no me siento tan empoderada. Pero al hacerlo, he prolongado mi estadía en las islas de la idolatría. He pasado ahí tanto tiempo que me he establecido y he comenzado a pintar las paredes. Pero no se supone que deba vivir ahí. Estoy llamada a un viaje hacia la plenitud.

Yo estoy convencida. ¿Y tú?

UNA ISLA MÁS

Me parece interesante que Pablo le escribiera enfáticamente a la iglesia de Colosas sobre la idolatría. Por alguna razón, siempre he pensado en la adoración a los ídolos como un problema más apegado al Antiguo Testamento y he creído que la idolatría no se menciona para nada en el Nuevo Testamento. Pero aquí hay algo interesante acerca de Colosas: era conocida por tener mucha gente involucrada en el culto a los ángeles.[2] Ellos adoraban al arcángel Miguel, posiblemente debido a que a menudo se le refiere como el arcángel que protege y que guía al ejército de Dios contra el mal.[3] Eso luce grandioso: honrar a alguien que mantiene alejada a la gente terrible y castiga a quienes vienen contra ti. Pero Pablo habló muy claro a la iglesia de Colosas, diciendo que era insensato hacer tal cosa. Él escribió: «Que nadie les quite su premio [su libertad en Cristo y su salvación] insistiendo en una falsa humildad y alabanza a los ángeles» (Colosenses 2:18, traducción libre de la versión Amplificada de la Biblia en inglés). Cuando comenzamos a confiar en nuestra propia rabia o en alguien que pensamos que podría ganarse nuestra venganza en lugar de confiar en Dios, nos cuesta nuestra máxima libertad y la paz en Cristo.

En su mitología, los antiguos griegos tenían una diosa llamada Adrastea, nombre que significa «nadie se le puede escapar». Ella era la diosa de la venganza y se dice que era hija del dios de la guerra, Ares. También fue conocida como Némesis, una palabra que continuamos utilizando hoy en día para describir un enemigo supremo. Ellos eran quienes la adoraban y le ofrecían sacrificios para la venganza que ellos pensaban que ella ejercería sobre sus enemigos.[4]

Ese es el riesgo de otra de las islas de la idolatría: hacer de otro el salvador que nos rescate de la herida que hemos experimentado, que enderece lo que está mal, que tome las riendas y lo repare todo. Idolatramos a esa gente, su habilidad y su espíritu luchador por encima del Dios que le dio esas habilidades.

ESCALA ESA MONTAÑA

Después de que Jenni falleciera en un accidente aéreo en 2012, yo salí de viaje, un viaje de verdad. Unos tres meses después del accidente fui con mi mamá y mis tres hermanos, Juan, Pete y Gus, a hacer una caminata por el lugar del accidente. Volamos de Estados Unidos a México, y luego condujimos horas y horas hacia una región remota de México. Los caminos eran calles pésimamente pavimentadas, carreteras de tierra y ásperas sendas marcadas en la tierra. Condujimos lo más lejos que pudimos en el desierto hasta que llegó la hora de amarrarnos los cordones de las botas montañeras para caminar el resto del trayecto.

El avión de Jenni se estrelló el 9 de diciembre de 2012. El sitio del accidente se encuentra en la cima de una montaña al sur de Monterrey, México, cerca de Iturbide; en frente de la frontera con

Texas. El área recibió el nombre de un general de principios del siglo diecisiete, Agustín de Iturbide, cuyo éxito militar durante la Guerra de Independencia mexicana lo llevó finalmente a convertirse en emperador de México en 1822.[5] Jenni había actuado la noche anterior en Monterrey y se dirigía, la mañana siguiente, a volar para su próximo compromiso. Pero a solo noventa kilómetros de iniciar el vuelo— sobre Iturbide— sucedió algo desafortunado. El avión había alcanzado una altitud de crucero de nueve mil trescientos metros, cuando perdió contacto con el control de tráfico aéreo y cayó en picada. Los investigadores nos dijeron que cayó rápidamente y no saben por qué o exactamente qué sucedió.

En los días posteriores al accidente, tuvimos que confiar completamente en los reportes de los investigadores que estuvieron en el sitio y recuperaron los restos y las partes del avión. No es que no confiáramos en ellos pero, como familia, continuábamos con la sensación punzante de: «¿Y qué si sobrevivió y está en algún lugar de la montaña?». Había muchas incógnitas acerca del accidente. Con el tiempo se volvió evidente que mis hermanos, mi mamá y yo necesitábamos ir al sitio. Necesitábamos ver el lugar con nuestros propios ojos. Necesitábamos estar en el lugar donde Jenni estuvo cuando se fue a casa con Dios. Necesitábamos saber que ya no estaba ahí, esperando que la encontráramos.

Sé que esto puede sonarte un poco extraño. Pero, en verdad, la urgencia de que necesitábamos ir a ese lugar no me soltaba.

Jenni fue la primera en saber algo de mí, algo que más tarde les dije a mis familiares y amigos, pero que le confié a ella primero: estaba embarazada. Abel y yo comenzamos el matrimonio por unos meses; Jenni había sido mi confidente y mi alentadora a medida que pasaban los meses y las pruebas de embarazo resultaban negativas. Cuando en el otoño de 2012 finalmente supe que estaba embarazada, ella fue la primera en saberlo. Mientras pasaron las semanas siguientes al fallecimiento de Jenni y mi vientre comenzó a manifestarse, tuve una extraña mezcla de pesado dolor y gozo inquietante. Yo necesitaba a mi hermana para pasar por todo eso, pero mi hermana se había marchado.

En marzo de 2013, tres meses después de que Jenni falleciera, mi mamá, mis hermanos y yo hicimos el viaje. Mi mamá tenía sesenta y cinco años, y yo tenía cinco meses de embarazo. En realidad, no sabíamos qué nos esperaba física o mentalmente.

El dueño de la tierra donde sucedió el accidente fue nuestro guía. Fue extraordinariamente amable con nosotros. Nos dijo que quería darnos la tierra donde había sucedido el accidente, un amable gesto que rechazamos, pero apreciamos profundamente su disposición a permitir que la tierra estuviera bajo nuestra custodia y control, si eso ayudaba a tranquilizar nuestro corazón. Nuestros vehículos daban saltos por lo accidentado del terreno hasta que ya no pudimos avanzar más y continuamos a pie.

Iturbide se eleva a tres mil metros sobre el nivel del mar, la misma altitud de varios pueblos de esquí en Colorado, tales como Telluride y Silverton. Tu cuerpo siente de inmediato el cambio de altura; tus pulmones tienen que trabajar más duro para inhalar suficiente aire, ya sea que solamente estés admirando el paisaje o caminando por una vereda rigurosa. Para alguien de la edad de mi mamá y para mí en estado de preñez, la altitud representó un desafío más grande.

Llegar al sitio del accidente requirió de una caminata de cinco horas por un terreno extremadamente difícil. Esa caminata no fue como aquellas que das por un hermoso parque nacional, con todo y señalizaciones bien marcadas, direcciones y señales de kilometraje a lo largo del camino. Este era un terreno privado completamente salvaje, en el que incluso había espacios donde pocos humanos habían tenido acceso. Cuando comenzamos a caminar, con el terrateniente a la cabecera, sentimos como si hubiéramos llegado al fin de la tierra, sin presencia ni sonido de civilización humana que pudieran ver nuestros ojos o escuchar nuestros oídos. Solamente percibíamos la soledad del viento y una llamada ocasional de algún halcón solitario. El guía dirigía el camino.

Los primeros pasos de la caminata fueron emotivos, le dieron un efecto más inmediato a la catástrofe, más real. El terrateniente iba a la cabeza, uno de mis hermanos estaba detrás de él, luego seguía yo, después otro hermano, mi mamá y más atrás otro hermano. Pudimos subir en silencio, respirando pesadamente, mientras el sonido de nuestras botas montañeras rompían el silencio. En acuerdo tácito, nos detuvimos un momento. Bebimos agua, entrecerramos los ojos por el sol y le hicimos algunas preguntas discretas al guía acerca de los animales del área y del follaje. Luego reiniciamos la travesía mientras la ladera se hacía cada vez más escarpada.

Yo no sé cómo es que mi mamá pudo escalar. No sé cómo es que yo pude hacerlo. Pero no nos dimos por vencidas. No podíamos hacerlo. Jenni nos necesitaba. Y nosotros la necesitábamos a ella.

Mientras continuábamos en el ascenso, me coloqué mis audífonos y escuché mi música favorita de alabanza y adoración. Me enfoqué en Dios, en la letra y en sentir su presencia. Encontramos unos palos largos que nos ayudaron a subir la pronunciada cuesta, los usamos como bastones con los que nos abrimos paso en la tierra pedregosa. Subimos mientras el sol parecía subir más alto, hasta que perdí la sensación del tiempo; un paso, luego otro, luego otro.

Casi llegábamos.

Sabíamos que casi habíamos llegado, porque comenzamos a ver partes del avión. Esparcidos por la tierra, el metal destrozado y los restos ennegrecidos sobresalían como algo fuera de lugar en ese accidentado desierto. Aunque sabíamos que esa era la razón por la que habíamos subido, nos conmovimos al ver la abrumadora evidencia del desastre. Subimos unos cuantos metros más y fue cuando vimos un par de pantalones vaqueros. Un neceser de mujer. Un zapato. El contenido del equipaje del pasajero, atorado en las ramas de la maleza, ondeando por la brisa.

Eso trajo todo a mi memoria. Sí, nuestro mayor dolor fue por Jenni. Pero ahí estuvieron siete personas que perdieron la vida ese día de diciembre: dos pilotos, el maquillista de Jenni, el estilista, su publicista, su abogado y ella. Ver esos artículos suyos, los restos de las posesiones que habían llevado consigo ese día, fue conmovedor. Aquello trasladó la tragedia a casa de la manera más ordinaria, con los restos de ropa sucia que vestían los occisos. Era una bandera que declaraba: «Aquí hubo muerte». Nosotros no tocamos nada de lo que había en aquella ladera. Queríamos respetar el sitio; deseábamos honrar a los siete.

El terrateniente y quienes fueron a investigar el accidente habían colocado una cruz. El sitio donde había colapsado con la tierra la mayor parte del avión continuaba manchado. Yo procesé todo y esperé que la ola de emociones me golpeara, que me derribara con su violencia. Había tratado de prepararme con antelación, lista para que otra ola de angustia y pérdida me hundiera en esa árida montaña.

Pero de las emociones que esperaba sentir, nada me preparó para lo que apareció.

Paz. Una sensación de belleza. Amor. Gracia.

Fue distinto a lo que yo había esperado.

Mientras yacía parada ahí, consciente de que ese fue el lugar en que mi hermana se había reunido con Dios, tuve que responder por qué necesitaba estar en ese lugar. *Dios la rescató*, pensé. *Esta fue una misión de rescate*. Era una misión de rescate en cuanto a que yo pensaba que había ido por mi hermana, me hice presente por ella. Había soportado la dificultad del viaje hasta allá.

Finalmente había llegado mi turno para rescatarla.

En toda nuestra vida juntas, Jenni normalmente había sido la que acudía a mi rescate. Ella había sido mi defensora en muchas situaciones. Yo confiaba en ella como la hermana grande que venía en mi ayuda, que se interponía entre los que me amenazaban y yo. Jenni era mi mundo en muchas formas. Desde luego, teníamos las ocasionales discusiones de hermanas. Ella no era perfecta, tampoco lo soy yo. Pero esos momentos me quebrantaban completamente, mucho más allá de la dimensión de lo que ocurriera. Entre la sensación de extrañeza tras su fallecimiento, se encontraba algo inconsolable, algo mucho más pesado de lo que yo podía soportar.

Ese día en la montaña y los días subsecuentes comencé a comprenderlo. Dios me lo mostró sutilmente, pero cuando lo hizo, me resultó claro. Él me habló al corazón. *Rosie, tú habías hecho de tu hermana un ídolo. Le habías dado mucho más tiempo y enfoque que a todo lo demás en tu vida. Cualquiera cosa que pensaras como un desprecio o un desacuerdo con ella, siempre lo considerabas a un nivel bastante personal. Dependías de que ella fuera tu defensora, tu abogada, tu consejera. Has hecho un ídolo de tu hermana. La paz que sientes se debe a que ahora podrás amarla libremente de nuevo como a tu hermana, como a un ser humano.*

Sí, Señor, pensé, *así es exactamente.*

Yo había pensado eso. Jenni, como mi hermana mayor; Jenni como la valiente intérprete y mujer de negocios; Jenni como la mujer apasionada; Jenni como la mujer devota a su familia, yo había pensado en ella como la persona que podría pelear y vencer mis batallas, quien podría enderezar las cosas por mí, quien sería la primera persona a la que yo correría en cualquier situación. Diría, en tono de afecto, que Jenni era mi ídolo.

Y eso es lo que resultó ser, en verdad.

Esa es otra isla de la idolatría en la que podemos naufragar: ese punto donde fijamos todas nuestras esperanzas en otra persona que enderece una situación. Posiblemente sea tu esposo, que esperas que se arregle con el vecino que está violando tus linderos. Quizá sea el gerente de recursos humanos, en el trabajo, en el que estás confiando para que lidie con el jefe injusto. Tal vez sea el abogado que has contratado para recuperar la pensión alimenticia. Dios es grandioso y todo, pero realmente estás confiando en esa persona, o esa organización, o esa agencia que te arregle las cosas, que limpie tu reputación, que exponga lo malo. Si mi esposo fuera el tipo correcto... Si mi gerente de recursos humanos fuera competente... Si tan solo pudiera pagar un abogado influyente, ¡entonces todo resultaría bien!

Eso se llama... espera... idolatría: colocar la habilidad humana por sobre la de Dios.

¿Significa que no deberías tener ayuda cuando lidias con las injusticias que se han cometido contra ti? No. Si tu esposo es muy bueno para entrar en escena, asombroso. Si tu gerente de recursos humanos sabe cómo pelear y defenderse, fantástico. Si ese abogado influyente está disponible, espectacular. Pero mantén tu seguridad y tu esperanza en Dios, y deja que esas personas talentosas sigan siendo seres humanos.

Quiero animarte a abrazar y sujetarte a la verdad que yo encontré en esa montaña aquel día. Hay personas en tu entorno a las que debes exonerar del papel de defensores tuyos. Necesitas dejar que sean seres humanos, no salvadores. Solo hay un Salvador: Jesucristo nuestro Señor. Tu pastor no lo es. Tu mentor no lo es. Tu cónyuge no lo es. Tus padres no lo son. No te permitas atascarte en este viaje hacia Dios como tu Defensor. Cuando colocas tu esperanza en un ser humano por encima del Santo, has desembarcado en otra isla de la idolatría. Lugar que nunca debió ser tu hogar.

Nos marchamos de la montaña donde Jenni había dejado esta tierra y regresamos por el terreno peñascoso, de vuelta a los coches, de vuelta al camino accidentado. Cuando volteé a ver la montaña, Dios había dejado un versículo escrito para mí en su Palabra:

> Alzaré mis ojos a los montes; ¿de dónde vendrá mi socorro?
> Mi socorro viene de Jehová, que hizo los cielos y la
> tierra. (Salmos 121:1-2)

No sé en qué isla de la idolatría puedas estar estancada. Quizá sea aquella en la que has hecho un ídolo de lo que te sucedió. Tal vez sea donde estés esperando por un reconocimiento o una disculpa de la persona que te lastimó. Posiblemente, como yo, estés atascada, pensando que otra persona será tu defensor. Pero hoy te estoy pidiendo que dejes atrás ese ídolo. Permite que Dios sea tu escudo. Dirígete a Él a toda velocidad y cierra tus oídos a la voz de la distracción. Él es tu esperanza y tu rescate.

ANTES DE AVANZAR

1. ¿En qué isla de la idolatría crees que podrías estar estancada?
2. ¿Cómo llegaste hasta allá?
3. ¿Qué te intranquiliza en cuanto a marcharte de ese lugar? ¿El temor a que la gente se salga con la suya con respecto a lo que te hizo? ¿Es acaso que confías demasiado en la persona que está persiguiendo la justicia por ti?

cinco

LAS ARENAS MOVEDIZAS
DE LA AUTODESTRUCCIÓN

CUANDO ERA NIÑA, MIENTRAS CAMBIABA LOS CANALES por la tarde del sábado como si fuera mi trabajo (y cuando eres una chica sin cuentas por pagar, que además está aburrida, cambiar de canales en la televisión *sí* es un trabajo), a veces me encontraba con alguna emisora de películas clásicas. Muchas veces me enfocaba, aunque los diálogos formales y las imágenes en blanco y negro no me parecían muy emocionantes. Pero con demasiada frecuencia, una escena me mantenía atada al televisor, y no porque fuera algo que yo realmente deseara mirar. Normalmente era algo que veía entre las rendijas de mis dedos, con mis manos sujetadas a mi rostro, los ojos parcialmente cubiertos, pero a la vez mirando desde adentro, sin querer ver, pero viendo.

Lo que miraba con frecuencia era una vieja película de terror.

Normalmente había un pícaro dinosaurio que se abría camino desenfrenadamente hacia el área metropolitana principal. O habría un personaje genérico de Drácula, que en realidad debió haber sido bastante cómico, en un filme exageradamente dramático y oscuro (pero que lograba asustarme de todos modos). De vez en cuando había una escena que me parecía más escalofriante que los maravillosos reptiles gigantes en la ciudad o que los estereotipos sin vida de Romeo. Una escena clásica y «sin embargo» aterradora. Una situación sin monstruos ni momias, pero igualmente siniestra y ominosa.

Desde luego, estoy hablando del escenario de las arenas movedizas.

Tú sabes a qué me refiero. Una joven y hermosa pareja está intentando escapar del peligro. Se adentran en la jungla con las manos sujetadas y su amor impulsándolos a correr más rápidamente. Y entonces sucede: el novio da un paso más y comienza a hundirse, el camino se convierte en una sopa mortal de arena y agua escondida, que succiona al amado en sus profundidades misteriosas, mientras la novia continúa estable en la tierra, intentando jalar a su novio de vuelta a un lugar seguro.

Pero todo ello en vano.

Las arenas movedizas borbotean una vez más, el apuesto rostro del chico desaparece y solo queda la engañosa superficie de la arena, desapareciendo la evidencia de la actividad carnívora. La novia grita una vez más el nombre de su amado y luego escucha el crujido de una rama a la distancia. Ella se levanta de un salto y echa un vistazo más a la arena, luego continúa apresurada por la jungla, sollozando.

U otra escena similar.

Los personajes serían diferentes cada vez; sus razones para estar merodeando por los fosos secretos de las arenas movedizas serían diversos. A veces era el chico bueno que era succionado por el mejunje. Otras veces era el chico malo en un giro más satisfactorio. En cualquier caso, me parece aterrador y fascinante que puedas estar avanzando en una caminata común y el camino debajo de tus pies se convierta en un líquido espeso que te sorbe hacia el centro de la tierra para no ser visto de nuevo.

La primera vez que me crucé con mi propia arena movediza fue durante mi infancia temprana. Pasaría un largo, largo tiempo para averiguar cómo salir de ahí.

LA VENGANZA: LA PIEDRA RODANTE

La búsqueda de venganza, de reivindicación, es peligrosa. «La venganza... es como una piedra rodante», escribió el clérigo Jeremy Taylor —en el siglo quince— en su sermón «Manzanas de Sodoma», «que un hombre llevó a cuestas a lo alto de un monte y se vuelve hacia él con tanta fuerza que quebrará los huesos de ese cuerpo cuyos tendones le dieron movimiento».[1]

Lo que el buen pastor Taylor nos está diciendo aquí es que la venganza es algo que podemos empujar y por lo cual trabajar, pero puede volverse contra nosotros, quebrantándonos en maneras inesperadas. La persecución de la venganza, en nuestro propio tiempo, en nuestra propia sabiduría, puede resultar una fuerza autodestructiva en nuestra vida, arenas movedizas que nos consuman.

Cuando Dios actúa como nuestro Defensor, eso termina ayudándonos para bien. Cuando actuamos como nuestros propios defensores, haciendo las cosas a nuestro modo, eso puede conducirnos a una herida y destrucción más profundas en nuestra vida. Lo vemos manifestarse en las historias de quienes nos rodean. Tu mejor amiga puede estar cansada de su suegra y tener esa violenta pelea que ha estado germinando. Pero ahora el matrimonio de tu amiga está lastimado por la posición imposible de su esposo al tratar de honrar a su mamá y a la vez amar a su esposa. Autodestrucción.

Lo ves en el trabajo en el que tienes que responderle a tu compañera que se ha estado tomando el crédito de tu labor. Le cuentas la situación a alguien que consideras amiga en el ambiente laboral, pero luego esa persona te delata y te encuentras encasillada en una reunión de recursos humanos. Autodestrucción.

O estás discutiendo con tu cónyuge que te dejó, peleando mediante tus abogados por los asuntos de la custodia y el dinero, y el ambiente se está calentando cada vez más. Comprensiblemente quieres que él pague por todo lo que ha hecho, por su infidelidad. Pero tus hijos están siendo arrastrados por el foso lodoso de todas las emociones involucradas. Autodestrucción.

En mi propia vida, más veces de lo que me gustaría admitir, he empujado la piedra de la venganza, cuesta arriba, solamente para que se regresara y me derribara.

EL PESO DE LA HERIDA

No era mi propósito subir veintitrés kilos cuando cumplí doce años, pero eso es lo que sucedió.

Después de sufrir abuso sexual desde los ocho años, me llené de resentimiento y odio. No había nadie con quien pudiera hablar sobre lo que me sucedió; ningún consejero, ningún mentor de confianza. Me llené de resentimiento hasta los tuétanos, almacenándolo; y ese resentimiento, la furia y la ira comenzaron a crecer. Durante los años siguientes, de los ocho a los doce años, una constante furia secreta era mi canción interna.

El año que cumplí doce estaba caminando en un restaurante, cuando un hombre adulto, un hombre mayor, me silbó. Él intentaba llamar mi atención, haciendo comentarios y ademanes sobre mi figura. Yo estaba aterrada —y furiosa—. Comencé a usar ropa muy holgada y brasieres muy entallados para apretar mi creciente pecho, todo eso en un esfuerzo por disimular y protegerme. Además, comencé a comer.

La persona que había abusado de mí continuaba siendo alguien con quien tenía que lidiar de vez en cuando. Un día, un poco antes de mi adolescencia, él llegó a mi casa a recoger a sus hijos y me dijo que me veía terrible con mi atuendo holgado. Me advirtió que, si continuaba subiendo de peso, me iba a ver horrible y gorda. Me miró con gran disgusto, en lugar de su acostumbrada mirada lasciva e inapropiada.

Algo me aguijoneó en el interior. Esta, *esta,* era la respuesta que había estado buscando. Si comenzaba a subir de peso, entonces podía mantener alejada a la gente como él. Además, parecía que comer también llenaba un vacío en mí y acallaba un poco la ira. Podía vengarme de mi abusador al convertirme en alguien que aparentemente le disgustaba.

Entonces comencé a comer más. Y más. Y más.

Pero esa piedra comenzó a devolverse hacia mí. Ahora estaba

comiendo adictivamente, sin poder detenerme. Los kilogramos se acumularon. En cuestión de un año llegué a pesar más de cien, lo cual —para mi constitución pequeña— era extremadamente dañino.

Eso funcionó para mantener alejado a mi abusador. Pero ahora yo tenía un nuevo problema.

Me gustaban los chicos. Quería su atención. Pero no la tenía. Aunque sí la tenía. Y ese peso extra ahora estaba creando una nueva forma de autosabotaje. Yo ya me sentía indigna y sucia debido al abuso que había sufrido. Ahora despreciaba mi aspecto y mi falta de control con respecto a la comida. Más importante aún, estaba arriesgando mi cuerpo al tener un peso que me colocaba en riesgo con una variedad de problemas de salud. Las cosas se salieron de control cuando descubrí que mi abusador también había abusado de mi sobrina. Me culpaba a mí misma, creyendo que —debido a que yo no había revelado lo que él me había hecho— había provocado que lo mismo le sucediera a ella.

Luego comencé a empujar la piedra de la venganza en otra dirección. Decidí bajar de peso drásticamente.

En todo un año, de los trece a los catorce, solamente comía un poco de cereal al día. Me ejercitaba constantemente, me envolvía en bolsas de plástico para que me hicieran sudar todavía más. Enloquecía a mi mamá cuando me ejercitaba en la planta superior con una cinta de aeróbicos y armonizaba mis pasos al ritmo de la música que salía de mi habitación, haciendo eco en la sala de estar de la planta inferior.

Esa extrema decisión de perder peso produjo una clase distinta de dolor, aún motivada por el deseo de venganza. Con el aumento de peso, intentaba regresar a mi abusador para hacerle preguntarse por qué me había elegido a mí. Con la pérdida de peso, iba a decirle otra vez —y a comprobarle— que los chicos en general iban a desear lo que él intentó arruinar.

Sin embargo, me estaba lastimando física, emocional y espiritualmente.

A los quince años, había perdido bastante peso y lucía mejor. Luego abusaron de mí otra vez. Había un chico que comenzó a mirarme. Salí con él, pero sin intención de tener sexo. Durante la cita, él me dijo que tenía un arma en el maletero del coche. Se detuvo en un hotel, afirmando que un amigo suyo había olvidado algo en una de las habitaciones del hotel y se había ofrecido para recogerlo por él. Consciente de que tenía un arma, lo seguí a la habitación con su supuesto «encargo», y una vez dentro de ella, me sometió. No fue violento como tal, pero yo estaba asustada y abrumada. Aunque ahora suene loco, después de esa noche me consideró su novia y me acosó, pasaba por mi casa a toda hora, cantándome. En ese momento pensé: ¿Qué importa? Por lo menos me quiere.

Al reflexionar en lo sucedido, me parece increíblemente triste. Pensaba que mi cuerpo no valía nada. Un pedófilo me había robado mi virginidad a los ocho años. La virginidad había sido tan valorada que, una vez que la perdí pensé que ella era el tesoro más importante, no yo.

Lo que siguió fueron años en los que me involucré con chicos malos que solamente querían salir conmigo para tener sexo. Yo cubría el dolor bebiendo, un hábito que comenzó cuando solo tenía trece años. A medida que pasaron los años y se incrementó la cantidad de chicos con los que yo había estado, mi comportamiento arriesgado aumentó de igual modo. Pasé de beber poco a beber demasiado. Pasé de tener sexo con un chico —que pensaba que era mi novio— a tener citas con chicos al azar para tener sexo fácil. Yo sabía que me arriesgaba a adquirir una serie de enfermedades de transmisión sexual. Sabía que beber era destructivo. Detestaba lo que estaba haciendo. Sin embargo, parecía incapaz de detenerlo.

Mis intentos por responder a mi abusador original me habían llevado por un camino peligroso en una jungla aterradora y tal

parecía que las arenas movedizas del comportamiento autodestructivo ya me habían consumido.

UNA IDENTIDAD PELIGROSA

En la Biblia, Nabal era un hombre vengativo. Leemos acerca de
él en 1 Samuel 25. Era un hombre adinerado que poseía gran
cantidad de ganado; estaba casado con una mujer sabia y hermosa, llamada Abigail. Un día, un chico llamado David entró en la
región. David finalmente se convertiría en el rey de Israel, pero
en ese momento, él había instalado algo así como un negocio de
seguridad personal. Sus amigos y él protegían los ganados de
la gente que merodeaba por el campo, buscando robar ovejas y
cabras. Me imagino que, a su manera, era algo como un vaquero
guardián con su propia versión de justicia del Viejo Oeste. David y
sus amigos pasaron un tiempo protegiendo los rebaños de Nabal,
luego enviaron a uno de sus siervos a pedir un pago por el servicio
que le habían proporcionado.

Nabal se enfureció. Él no había pedido ese tipo de protección y no deseaba poner dinero ni recursos en la mesa de David
y sus hombres. Así que envió al siervo de vuelta a David con
palabras airadas e insultos. David también se enfureció. Ansioso
por participar en una severa masacre, hizo que sus hombres
prepararan sus espadas e hizo planes para confrontar a Nabal
violentamente.

Un siervo, percatándose de cuán rápidamente estaba in-
tensificándose la situación, se acercó a la esposa de Nabal
—Abigail— para explicarle la situación. Abigail tenía la cabeza
fría y se le ocurrió un plan. Así que reunió comida y obsequios,
montó su todoterreno de los tiempos bíblicos (también conocido
como asno), y se dirigió a encontrarse con David. Con gracia y
sabiduría, negoció la paz con David, apaciguando el problema de

su lado. Habiendo solucionado la crisis, se dirigió a casa con lo que debió haber sido buenas noticias.

Sin embargo, Nabal no lo vio así. Cuando ella le dijo que no sería necesaria la violencia para solucionar el problema, él se enfureció tanto —por perder su oportunidad de vengarse— que experimentó lo que los eruditos de la Biblia llaman una apoplejía. Nabal falleció unos días después. Su incapacidad para aceptar un resultado pacífico en cuanto a su disputa con David terminó quitándole la vida. Autodestrucción.

No estoy diciendo que, si has sido víctima en una situación terrible, seas una iracunda como Nabal. Pero lo que estoy diciendo es que, cuando creemos que nos han hecho mal, nos arriesgamos a adoptar comportamientos y adicciones que finalmente serán las más peligrosas para nosotras.

Lo gracioso es que cuando leo la historia de Nabal, puedo entender sus razones. Él no había pedido la ayuda de David y, justificadamente, no pensó que le debiera nada. Pienso en lo que sucedería si la gente se acercara y decidiera podar mi césped cuando yo no se lo he pedido, y luego llamara a mi puerta y me solicitara un pago. Sí, hizo el trabajo, pero fue un trabajo para el que yo no lo contraté. Yo también estaría demasiado enfadada. Como dijo Nabal:

«¿Quién es David, y quién es el hijo de Isaí? Muchos siervos hay hoy que huyen de sus señores. ¿He de tomar yo ahora mi pan, mi agua, y la carne que he preparado para mis esquiladores, y darla a hombres que no sé de dónde son?». (1 Samuel 25:10-11 RVR1960)

Pero Nabal no aceptaría la solución pacífica que Abigail había armado. Él estaba enfadado y quería que rodaran cabezas. Al no lograrlo, su propio estado interno literalmente le costó la vida.

Mi propio estado interno casi me ha costado la vida también.

Pero por alguna razón, yo pensé que era una manera de hacer pagar a mi abusador.

Estoy muy segura de que eso no le afectó, pero definitivamente me afectó a mí.

PASOS DE BEBÉ EN ARENAS MOVEDIZAS

La misericordia de Dios conmigo es asombrosa. Después de todo, yo soy un vivo ejemplo de ella, y tú también. Hemos enfrentado cosas terribles. Nos han lastimado profundamente. Continuamos buscando, caminando, aprendiendo y creciendo. Su misericordia es suficiente para cubrir y sanar las cosas que hemos hecho en un esfuerzo por vengarnos de aquellos que nos han lastimado.

Parte de la manera en que experimentamos la misericordia de Dios es haciendo algo que nos es difícil: recibiéndola. Eso parece algo muy vago, ¿no es así? Solo recibiéndola. ¿Qué es eso?

Para mí, después de todas las terribles relaciones con chicos que solamente estaban tras el sexo, tras la bebida, tras hundirse en las arenas movedizas de la autodestrucción, finalmente comencé a regresar a Dios. Poco a poco comencé a inquirir en su Palabra. Con pasos de bebé, comencé a orar con más regularidad y fe. Finalmente disminuyeron los comportamientos sexuales destructivos. Y pude trabajar con una gran consejera. Me involucré profundamente en una iglesia firme. Dejé de beber. Fue un proceso, fue difícil, y me llevó tiempo llegar a un entendimiento más profundo de por qué había actuado como lo hice, cuando mis acciones me eran repugnantes.

Eso no significa que acabara por completo con los comportamientos autodestructivos.

Ahora en la adultez, continúo percatándome de que alejo a la gente. Cuando paso por un problema, tiendo a aislarme. Así es como intento reducir el riesgo de que alguien me rechace, de que alguien vea el «yo real» y decida que no soy suficientemente digna. Los ecos del abuso infantil todavía me persiguen, pero en una manera nueva.

Me percato de que me comporto en maneras que puedo mirar racionalmente y saber que no son lógicas. A veces no dejo a propósito una buena primera impresión, de esa manera nadie se sorprenderá después con la Rosie «real». Sé que puedo decirte todo lo que quieres oír. Sé que puedo pintarme y embellecerme, y presentarme completamente dulce y tierna. Pero preferiría que conocieras a la Rosie real, antes que te decepciones de ella. Y si no puedes soportar a la Rosie verdadera, entonces —al menos— no arriesgué más tiempo e inversión en la relación, solo para que más tarde me lastimen.

Sí. Estos son los límites inestables del comportamiento destructivo. Parte de ello es bueno y protector, y parte sigue siendo una reacción más que un enfoque poderoso.

Algunas veces les he complicado las cosas a mis amigos. Mis mejores amigos me han visto pasar por todo eso, han experimentado mi alejamiento y mi preparación para enfrentar el rechazo, pero continúan conmigo. Les agradezco mucho que no me hayan dejado salirme con la mía.

Esta es la buena noticia para ti y para mí. Podemos mejorar. Podemos identificar todo lo que nos han costado en el pasado nuestras heridas, nuestra búsqueda de venganza, y desafiarnos a presionar.

Hace poco tuve una reunión de negocios en Monterrey con una «influencer» de redes sociales, respecto de una oportunidad que podría beneficiarnos a ambas. En los días anteriores a la reunión, estuve completamente ensimismada. Ya había decidido que yo no le simpatizaría, que solamente sería poco amigable y me ahorraría el rechazo que finalmente sucedería.

Pero luego reconocí lo que estaba haciendo. Continuaba funcionando al nivel en que permitía que mi abusador controlara mi presente. Por la gracia de Dios, decidí asistir a la reunión desde una perspectiva diferente. Asistí como una hija de Dios, una hija por la que Dios aboga y a quien ama. Entré, no como alguien que huía de los fantasmas, sino como alguien que corría hacia el futuro que Dios ha preparado para ella. Me dije: *Rosie, vas a cambiar. No vas a entrar asustada.*

Y ¿adivina qué? La influencer y yo nos llevamos bien. Simpatizamos. Tuvimos una serie de reuniones, por lo que espero con ansias que nuestra colaboración perdure. Me gusta pensar que, aunque yo no le hubiera simpatizado, aunque sintiera que algunas de mis canciones del pasado continuaran sonando en mi cabeza al no intentar probar mi valor o minimizar los riesgos, aun así, habría salido de esas reuniones como una mejor persona.

Hermana, sí es posible. Si esta chica que iba directo a las arenas movedizas puede hacerlo, sé que tú también podrás.

La Palabra de Dios dice: «Bástate mi gracia; porque mi poder se perfecciona en la debilidad» (2 Corintios 12:9). *Basta* significa que su gracia es suficiente —suficiente para llevarnos, suficiente para permitirnos vivir mejor— aunque el abusador continúe por ahí, aunque el jefe malvado ignore tu ascenso, aunque tu antigua amiga se haya ido a un nuevo grupo. No dice que la venganza sea suficiente; dice que la gracia lo es. La venganza nunca puede satisfacer y sanar. Puede ayudar a enderezar un mal. Puede ayudarnos a cerrar un capítulo. Pero solamente la gracia puede restaurarnos y llevarnos a la plenitud.

EL COSTO DE LAS ARENAS MOVEDIZAS

Obviamente, los días de rebeldía de mi adolescencia en respuesta a las heridas y los perjuicios desastrosos de mi infancia me costaron mucho. Pero pasaron varios años para poder identificar otras maneras en las que permitía que una injusticia inconclusa me hiciera sangrar. Comparto los siguientes conceptos, porque pueden ser áreas que a ti te estén costando también y quizá ni siquiera te has dado cuenta.

Debido a que mi más profunda herida de la infancia fue provocada por un hombre, concluí que casi todos los hombres eran malos. Ahora, mirando en retrospectiva, puedo ver cuán profundamente triste era eso. Había hombres buenos en mi vida, hombres que me amaban bien, que eran protectores y sabían honrar a las mujeres. Pero en un esfuerzo por protegerme, inconscientemente había agrupado a todos los hombres en una categoría y en una sola mitología. «Todos los hombres van detrás de una sola cosa: el sexo», me lo decía una y otra vez. «Los hombres obtienen lo que quieren y luego se marchan», era otro mantra mío. Veía a un posible abusador infantil en todos los hombres. Al mantener esa perspectiva, estaba justificando mi amargura y mi toxicidad. No aprecié a algunos encantadores hombres en el camino, hombres con los que pude haber tenido amistades, de los que pude haber aprendido, que pudieron haber cuidado de mí.

Ahora, permíteme ser clara aquí. No estoy culpando a las víctimas de lo que les sucedió. Si tu esposo, en medio de lo que pensabas que era un matrimonio vibrante y saludable, decidió marcharse de la nada por una compañera de trabajo, no te estoy diciendo que la culpa sea tuya. Si tienes una historia de abuso infantil similar a la mía, no estoy diciendo para nada que de alguna manera tengas responsabilidad en el asunto. Si de niña experimentaste acoso en la parada de autobuses, no estoy diciendo que tú lo provocaras. Como sea que haya sucedido, cuando sea que hayas experimentado una herida, no te estoy echando la culpa.

Lo que estoy diciendo es que almacené amargura y toxicidad, lo que así a mi corazón como un tipo de armadura. Me aferré fuertemente a esa amargura y esa toxicidad, aunque supiera que Dios me estaba llamando a entregarlas. Representaban una seguridad, eran un antiguo amigo, y eran aquello que yo continuaba usando para albergar comportamientos autodestructivos.

Durante años me costó cada relación rica, hermosa y profunda que pude haber tenido, relaciones que Dios pudo haber usado para sanarme más rápidamente.

Cuando tenía veintiún años, con varias relaciones dañinas con hombres que me rodeaban, mi precioso papá me sentó en un sillón para hablar conmigo. «Hija —me preguntó con lágrimas en su voz—, ¿por qué no me amas?». Fue más fácil evadirlo que explicarle la complejidad de cómo había abusado de mí una figura masculina de mi familia. Parecía más fácil mantener a todos los hombres a raya, incluso a mi amoroso padre.

La amargura y la toxicidad también me dificultaron la relación con mi madre. No le hablaba de aquello por lo que estaba pasando y no le permitía hablar sobre mí. Llegó al punto en que ni siquiera intentaba que me sincerara, ya que yo la había alejado demasiadas veces.

Yo pensaba que nadie podía hacerme justicia. Tenía muchas fantasías en las que me vengaba de mi perpetrador. No tenía deseos de dañar a nadie más que a él.

Sin embargo, esta es la realidad: puedes desear que la persona que te dañó sea el único enfoque de tu furia y tu desconfianza, pero eso se extiende a todo aquel que te rodea. Todos se salpican con las tinieblas que hay en ello. Ninguna relación se salva.

Es por ello por lo que ahora, a los treinta y ocho años, con todo lo que tengo, habiendo conocido la riqueza y la pobreza, veo que la Rosie que soy ahora se preocupa por la conexión, la relación y la intimidad. Esos son algunos de los mayores obsequios de Dios para nosotras en esta experiencia humana, y estoy lista para reclamar esa tierra, vea o no un nivel de vindicación. He comenzado a reparar las relaciones dañadas, comenzando con mis padres y siguiendo con mis hermanos.

No permitiré que la injusticia continúe robándome cosas. Y no quiero que continúe robándote a ti.

MANTENTE POR ENCIMA

Tengo buenas noticias acerca de las arenas movedizas... de veras. Resulta que es prácticamente posible sobrevivir si caes en arenas movedizas. Ya sé, ya sé. Eso le quita el temor a aquellas películas que yo solía ver. Es muy difícil hundirse en las arenas movedizas.[2] Debido a la cantidad de agua que se necesita para crearlas, el cuerpo humano flotará en ellas, mientras no se agite. Las arenas movedizas pueden atrapar a la gente cuando se está hundiendo y comienza a caer en pánico, pataleando y gritando, yéndose así cada vez más a lo profundo del foso.

Así era yo en los años posteriores al abuso original y en los años siguientes a los otros abusos que sufrí. Yo me encontré en un foso de comportamientos que pensaba que me protegerían, me adormecerían y refutarían las mentiras que el abuso me había infundido. Me agité en ese foso durante un largo tiempo, exponiéndome a toda clase de heridas y peligros nuevos. Todavía tengo que cuidar de no enloquecer, en un desesperado intento por encontrar algo que me ayude a empatar la pelea.

Sin embargo, hoy sé más firmemente que nunca que la Palabra de Dios es verdad. ¿Recuerdas la historia de Nabal y David que te conté anteriormente, y de cómo Nabal se autodestruyó después de una venganza frustrada contra David? Ese mismo David continuó escribiendo estas palabras sobre las arenas movedizas y el rescate, en Salmos 40:2:

> Y me hizo sacar del pozo de la desesperación,
>> del lodo cenagoso;
> puso mis pies sobre peña,
>> y enderezó mis pasos.

Más adelante en el mismo capítulo, versículo 14, vemos que aquellos que vinieron contra David, quienes se burlaron de él, lo lastimaron y lo amenazaron, no habían venido a la justicia, todavía. Pero David ya había sido rescatado del lodo cenagoso. El Dios de gracia ya le había dado un lugar firme donde pararse. Eso es lo que Él ha hecho por mí y también por ti.

He aquí una verdad profunda: tú no tienes que herir a la gente que te hiere para obtener la victoria. No tienes que verla venir a la justicia para declarar tu libertad. Tu victoria ya ha sido asegurada. Tu libertad ya ha sido pagada. Continúa en el camino que te lleva a Dios, no en el camino lodoso y resbaladizo de herir a quienes te han herido. En cuanto a las heridas que soportamos, el peligro de un chapuzón en las arenas movedizas nos rodea. Pero tenemos un Dios que es más que capaz de sacarnos a la libertad. No creas la mentira de que la libertad solamente puede darse cuando tu enemigo pague por la restitución. Jesús ya pagó tu rescate, por lo que tú ya no tienes que vivir en arenas movedizas. Coloca tus pies, tus esperanzas y tu futuro en la Roca: «Y todos bebieron la misma bebida espiritual; porque bebían de la roca espiritual que los seguía, y la roca era Cristo» (1 Corintios 10:4).

ANTES DE AVANZAR

1. ¿Qué has hecho en respuesta a las heridas que has experimentado, que en retribución te han lastimado a ti?

2. ¿Estás lista para salir de las arenas movedizas de la autodestrucción? ¿Qué representa eso?

3. ¿Quién te puede ayudar a rendir cuentas y encontrar los recursos que necesites para avanzar?

seis

EL OBSTÁCULO DE LOS
MOLINOS DE VIENTO

SU NOMBRE ERA ALONSO QUIJANO Y LE ENCANTABAN las novelas de romance. Le gustaban *en serio*. Las leía todo el tiempo. Las absorbía, les dedicaba su corazón y su atención. Pero estas no eran solamente novelas de romance, eran libros en los que se encontraba todo tipo de aventuras locas, enemigos míticos y maravillas sobrenaturales. Las novelas de romance en las que pensamos usualmente tienen como personaje principal a una mujer, pero en las novelas de romance que Alonso leía, típicamente había un hombre como personaje principal, un hombre que haría lo que fuera por la mujer a quien amaba, que soportaría cualquier prueba e iría a los extremos para probar su amor y protegerla de un mundo caótico.

Con el tiempo, Alonso comenzó a vivir más en la fantasía de los libros que estaba leyendo que en el mundo real de su aburrida vida diaria. Se cambió el nombre y dejó su ciudad natal y su empleo. Comenzó a ver intriga en todos los rincones. Pronto estaba viviendo por completo en un mundo que él mismo había creado, en que la camarera del hotel era una princesa y la recepción nocturna embestía a Alonso como caballero. Se enamoró de una chica de un lado agreste del pueblo, creyendo que ella era una duquesa.

Finalmente, Alonso se percató de que todo por lo que había tenido que luchar, todos los monstruos que había vencido, todas las damiselas que había rescatado, todo había sido en vano. Murió como un hombre derrotado y desilusionado. Su travesía idealista, romántica y de caballeresca venganza, lo llevó a un destino de derrota de su hombre interior.

Que gran historia, ¿no?

En realidad, sí lo es. Calificada como la primera novela moderna, es la obra del escritor español, Miguel de Cervantes. En 1605 publicó la primera parte de *El ingenioso hidalgo don Quijote de la Mancha*, mejor conocida como *Don Quijote*. En el libro, Alonso Quijano se sumerge en la profundidad de las historias de gallardía e intriga, pierde contacto con la realidad y comienza a vivir como caballero errante, acogiendo el nombre de Don Quijote. Muchos consideran a Miguel de Cervantes como uno de los mejores escritores de la historia, y su hermoso uso del castellano en su escritura es algo de lo que los latinos continuamos estando orgullosos en la actualidad. La novela ha sido traducida en muchos idiomas y convertida en un musical de éxito de Broadway. Su influencia ha sido reconocida en muchas obras magníficas posteriores.

Don Quijote es famoso por pelear con molinos de viento. En su mente, los molinos de viento que salpicaban la campiña española eran dragones, molinos de viento que había en *todas partes*. Él los atacaba ferozmente con su lanza. A veces ganaba y a veces perdía, cuando su lanza se atascaba en las cuchillas del molino y la fuerza lo derribaba.

De la novela *Don Quijote* surgió la frase «luchar contra los molinos». Significa ver algo como un enemigo, un asunto importante, un adversario, cuando en realidad no lo es. Es cuando permitimos que algo se salga de proporción con respecto a la proporción real. Es cuando se nos dificulta ver algo como es realmente y, en cambio, lo elevamos a una presencia mítica del tipo de un dragón.

En ocasiones puedo luchar contra los molinos a nivel olímpico. Si has experimentado desilusión, traición, pérdida o molestia (lo cual todos hemos vivido en diferentes intensidades y grados), entonces también puedes estar a punto de luchar contra los molinos.

CUANDO LA VANIDAD NO ES SOLO VANIDAD

¿Recuerdas el asunto de la renovación de la casa por el que dejé de cocinarle a mi esposo? Chica, en verdad que nunca lo olvidaré. Después de las intensas conversaciones con nuestro contratista, me asombra que hubiera uno en Los Ángeles dispuesto a hablar conmigo. Mi esposo supervisó gran parte de la obra y tomamos muchas decisiones juntos. Comenzamos con la necesidad de tomar una decisión en cuanto al piso. A primera vista, yo quería algo neutral. Yo hacía gestos sobre un par de baldosas diferentes y le decía a Abel: «Elige la que te guste». Él elegía, instalábamos el piso y luego —espera—, no me gustaba.

Escúchame, *yo* no puedo creer que lo hacía. Tú tampoco necesitas creerlo.

Yo hice un grandísimo problema de un aspecto en particular de la renovación, de algo por lo que yo estaba muy, muy emocionada desde el comienzo. Como he mencionado, me encanta la belleza, los cosméticos y la moda, forman una gran parte de varios de mis negocios, en los que estoy personalmente involucrada. Me encanta el proceso de maquillarme por la mañana y de sentirme femenina, delicada y creativa al armar mi atuendo personal.

De manera que quería que me construyeran el tocador de mis sueños.

Sabes a qué clase de tocador me refiero, ¿verdad? Uno con asiento, hermosos gabinetes y muchos cajones para almacenar mis lociones y ungüentos. Uno con un gran espejo enmarcado de una serie de luces dignas de un vestidor. Quería un vestidor en el que todos mis zapatos, bolsos y atuendos estuvieran organizados por color y estilo. Incluso sabía cuál era la hermosa silla que deseaba frente al tocador y el espejo; una que pareciera un pequeño trono, forrada en satín, perfecta para una aspirante a reina de belleza.

Parte de la visión para el tocador era la siguiente: yo quería que todo fuera blanco, desde el mismo tocador, a las paredes, al suelo, a la hermosa silla de satín. Me gustan *todos* los acabados blancos.

Abel estaba entregado a hacer mi sueño realidad, por lo que supervisó todo lo concerniente al tocador. Un día me preguntó sobre los acabados de pintura: «Todo blanco —le dije—. Todo blanco. Eso es lo que quiero».

Él me extendió una gran sonrisa, y dijo: «¡Está hecho!».

Algunos días más tarde pude echarle un vistazo al proyecto. Abel me dio la entrada al espacio para ver el progreso. Miré alrededor, encantada con todos los cajones y los gabinetes, las series de luces de vestidor que enmarcaban el gran espejo, la perfecta posición de mi tocador en mi gran armario. Todo era emocionante. Solamente tenía una pregunta.

—¿Cuándo va a llegar la pintura?

—Esa es la pintura —respondió Abel, señalando la parte superior del tocador y la parte frontal de los gabinetes—. Dijiste blanco.

No. No, no, no.

Era una pintura mate. Simple. Sin brillo ni lustre. Pensé que era la imprimación, no la capa final. Pero no, de acuerdo a Abel, esa era la última mano de pintura. Ese no era un vistazo, era la revelación final.

Ay, Dios.

Esto es algo importante que tienes que saber de mí: soy una torpe profesional. Soy la chica que puede derramar alguna sustancia alimenticia en su falda dos minutos después de habérsela puesto. Soy supertorpe. Constantemente derramo mi café, vierto el champú, se me caen las paletas de sombras. No estoy bromeando, he llegado a una reunión donde alguien encontró un poco de fruta en mi cabello. ¿Fruta en mi cabello? ¿Cómo sucedió? ¿Cómo pasa eso?

Así que, cuando vi la superficie de mi tocador con un terminado mate, supe que no pasaría mucho tiempo antes de que yo la manchara, la marcara o la arruinara de alguna manera.

No estoy justificando mi respuesta a la situación con la pintura como algo racional. Solamente te estoy diciendo cómo sucedió.

Yo quería evitar desesperadamente herir los sentimientos de Abel. Después de todo, yo fui la que le dio esas vagas instrucciones para pintar todo de blanco, sin mencionar que quería todo lustroso para poder limpiarlo más fácilmente. Sin embargo, solamente me estresé por ello en silencio. Me senté en mi hermoso tocador para maquillarme e intentar extrañamente no tocar nada mientras me aplicaba el colorete o me colocaba el rimel en las pestañas. Llegué al punto de ni siquiera usarlo; en vez de eso, me sentaba en la encimera del baño con el maquillaje en mi regazo, torciendo la cabeza en un ángulo extraño ante el espejo del baño, mientras el hermoso tocador yacía sin usarse a unos cuantos metros de mí.

¡Trágame, tierra! (Ese era el lenguaje para expresar mi frustración. Te dije que era un poco dramática).

Amiga, normalmente soy muy serena con cosas de esta índole. Creo que puedo rociar un poco de limpiador y hacer que vuelva a la bella normalidad. Pero algo de todo este asunto del tocador me desgastó. Me hizo querer llorar, mantuvo ocupados mis pensamientos y cambió mi manera de arreglarme para el trabajo todos los días.

No es algo de lo que esté orgullosa. Al enfocarme en el acabado de la pintura, me estaba perdiendo gran parte del panorama completo. ¿Qué de los suelos de mi armario y de alrededor del tocador? Hermosos. ¿Qué de toda la obra de la casa luego de la renovación? Espectacular. Pero, al permitir que este solo detalle se volviera algo que no era, estaba dejando de disfrutar lo que se había logrado. Había convertido el trabajo de la pintura del tocador en el detalle más importante de toda la renovación de la casa.

TRASTORNO DISMÓRFICO

A mí me fascinan las noticias que surgen ocasionalmente sobre demandas incoherentes. Hay una en especial que es más bien un símbolo de esto. Un juez del área de Washington DC fue a recoger sus pantalones a la tintorería y se encontró con que accidentalmente se los habían enviado a la persona equivocada. Ellos se disculparon por el error, rastrearon los pantalones y se los devolvieron al juez. ¡Él, a su vez, decidió demandarlos por sesenta y siete millones de dólares! La tintorería tenía un anuncio en su tienda que decía: «Satisfacción garantizada», y el juez declaró que, al perder sus pantalones, ellos habían violado su garantía de satisfacción y, por lo tanto, le debían millones y millones de dólares.[1]

Finalmente se desestimó la demanda, pero no después de costarle a mucha gente, entre ellos a la tintorería, mucho tiempo y dinero en honorarios de abogados. Algo tan pequeño como unos pantalones de cuarenta dólares se tornó en un gran calvario, todo por el enfoque de ese juez.

Cada vez que conduzco veo las palabras pegadas en mi espejo retrovisor del lado del copiloto: «Los objetos están más cercanos de lo que aparentan». Es una advertencia de que mi percepción de la cercanía con otro coche puede ser errada, particularmente cuando me dispongo a cambiar de carril.

Creo que en ocasiones no calculamos bien la dimensión real de un asunto. Minimizamos algo que debe ser importante, o podemos tornar un asunto irrelevante en algo más grande; como lo que le costó ese par de pantalones a la tintorería, o un tocador que no está pintado con un acabado lustroso.

Quizá hayas experimentado que alguien no te salude cuando entraste a una reunión o a una junta. ¿Comenzaste a llenar las líneas en blanco? *Ella no me habló, apuesto a que ha estado hablando a mis espaldas, intentando difamarme delante de otras personas. Probablemente sea porque en la última junta tuve esa idea con la que ella no estaba completamente de acuerdo. Está intentando desacreditarme. Posiblemente piense que todas mis ideas son tontas. O quizá le intimide. Sí, yo creo que es eso. Y ahora se va a volver malévola y descortés. Yo sé que...*

La realidad es que no sabes por qué esa mujer no se dirigió a ti cuando entraste en la sala. No sabes si de verdad te está mirando con odio o solamente tenía algo por dentro de los lentes de contacto. Pero ya expandiste tu suposición hasta que se torna más grande que todo lo que pudo haber salido bien en esa reunión.

Yo he estado a punto de padecer trastorno dismórfico con respecto a una herida, un desprecio o un perjuicio hecho en mi contra, en particular, debido a que en mi historia y mis antecedentes se encuentran algunas grandes injusticias ilegítimas. ¿Te ha pasado que accidentalmente te muerdes la parte interna de la mejilla? La herida inicial duele muchísimo y es una herida de verdad. Pero luego, si tocas ese lugar otra vez cuando estás cenando —incluso solamente un roce—, puede lastimarte tanto o más que la herida original.

Eso me sucede en ocasiones: es como si ahora estuviera hiperconsciente de cualquiera cosa que no parezca estar bien o que sea molesta. El peligro para mí, y para ti, es que, si no podemos mantener en perspectiva las heridas y las dificultades diarias, sentimos que siempre estamos bajo ataque, heridas, indignadas porque haya justicia en cada detalle. Podemos perder el valor de las relaciones, porque permitimos que los pequeños enfados se conviertan en grandes problemas. Cuando le asignamos el mismo nivel de importancia a todo y permitimos que todo el daño en nuestra vida tenga el mismo peso y el mismo dolor, evadimos lo que la perspectiva nos puede conceder: una mayor paz y una mayor gracia para la gente cercana.

¿QUÉ TE CUESTA UN MOLINO DE VIENTO?

Había una vez un niño que era la mera definición de alguien con derechos. Su padre había tenido éxito financiero y él llevaba un estilo de vida de hijo de papi. Así que exigió su porción de la fortuna familiar y su papá decidió dársela. El hijo se marchó, llevaba la vida de un «influencer» de Instagram por excelencia, rentaba yates, asistía a sitios exóticos, pagando en el bar las rondas de todo mundo.

Ahora, ese hijo de papi tenía un hermano mayor que se quedó en el negocio familiar mientras que su hermano bebé se paseaba por ahí. Él permaneció fiel, hizo lo correcto, se aseguró de que los detalles estuvieran cubiertos y mantuvo al día los impuestos. Entonces llegó el momento en que el hermano menor regresó a la puerta con los bolsillos vacíos, la arrogancia gastada, la cabeza gacha. Y su papá parecía estar completamente de acuerdo con eso.

Desde luego, esta historia no se me ocurrió a mí. Es una que contó Jesús y está registrada en los evangelios, en el libro de Lucas. A menudo la he escuchado en sermones y gran parte del enfoque se encuentra en la respuesta que el padre le dio al hijo pródigo en su regreso a casa, en la gracia del padre para con él. Pero yo siempre he estado interesada en el hermano mayor y su respuesta al regreso de su hermano. Cuando el hermano mayor descubrió que la fiesta de bienvenida para su hermano menor, con todo y una gran comida y música, estaba en marcha, «se enojó, y no quería entrar» (Lucas 15:28).

Entiendo por qué el hermano mayor no se emocionó con la fiesta. Entiendo por qué habría preferido ver un castigo contra su hermano por su falta de madurez y por el dolor que le había causado a la familia. Pero el hermano mayor permitió que su perspectiva provocara que se perdiera un momento importante. Su padre estaba alegre y entusiasmado. Su hermano estaba humillado y agradecido. Sí, el hermano mayor tenía derecho a sentirse un

poco menospreciado, un poco frustrado. Pero ¿ganó algo al negarse a celebrar el regreso de su hermano y disfrutar del entusiasmo
de su padre?

No.

Eso, en realidad, no hizo que el hermano mayor se sintiera
mejor. Eso no enmendó la relación con su hermano menor. No
solucionó nada, no resolvió nada, no emparejó nada. De modo
que el padre usó la misma clase de misericordia y bondad con
el hermano mayor cuando actuó como un chico malcriado, que
aquella que usó con el hermano menor cuando regresó. O sea, en
verdad, si el hermano quería «justicia» por el comportamiento
del hermano menor, entonces debió haber estado listo para recibir «justicia» por su comportamiento al negarse a asistir a la
fiesta que su padre estaba ofreciendo. No podemos amar y desear
justicia solamente cuando esta se dirige a otras personas. Yo definitivamente quiero que la misericordia y la gracia de Dios se me
extiendan. Y, sin embargo, con demasiada frecuencia he querido
mano dura contra la gente que me ha despreciado. No puedes
querer justicia solamente cuando te funciona a ti.

¿Hay algún gran perjuicio en el mundo que debería conllevar
consecuencias más pesadas? Desde luego. Pero ¿hay heridas más
pequeñas que podrían no necesitar el juicio que nos hace sentir
mejor? ¿Puede ser que lo que sentimos de esas faltas esté fuera de
proporción? Bueno, sí.

Sabes, un acuerdo puede ser válido. Un acuerdo es cuando
todos ganan y pierden, y a veces eso es lo mejor.

En cuanto al hermano mayor de Lucas 15, ¿cuál habría sido
el acuerdo? ¿Cómo habría procedido la situación en la proporción
correcta?

Bien, él habría asistido a la fiesta de bienvenida. Y más tarde,
en privado, podría haber tenido una conversación de corazón a
corazón con su papá, diciéndole que se sentía decepcionado de
que su fidelidad parecía no ser tan celebrada como el regreso de su

hermano. Mira, no está mal reconocer cómo te han hecho sentir las cosas. Pero es problemático cuando haces que algo se trate de ti, cuando no se necesita una respuesta de esa magnitud.

PERSEGUIR DRAGONES EN VEZ DE SUEÑOS

Cuando observo la historia ficticia de Don Quijote, tengo que preguntarme: ¿Qué pensaba lograr al atacar los molinos de viento que imaginaba que eran dragones? Parte de la respuesta se encuentra en la historia misma; él definitivamente quería atraer la atención de la chica que le gustaba. Pero ¿qué más lo motivaba?

Esa es una pregunta que tuve que plantearme cuando estuve luchando contra mis propios molinos de viento. ¿Qué estoy tratando de probar? ¿A quién?

Mira, creo que hay un tiempo indiscutible para perseguir la justicia. Pero también creo que tenemos que ser claras con nuestras intenciones. Perseguir algo nos cuesta tiempo. El tiempo es un bien preciado de este lado del cielo. Ya que el precio que pagamos por las cosas es el tiempo, es mejor que nos aseguremos de que valga la pena. Al final del día, un molino, aunque tenga fachada de dragón, no va a lastimar a nadie.

Yo he perseguido molinos porque quería probarle a la gente que tenía la razón. He perseguido molinos para comprobar que no estaba equivocada. Y he perseguido molinos, simplemente porque no quería que la vida fuera como era.

Yo anhelo perseguir la mejor y más vibrante vida que Dios tiene para nosotros. Pero como creyentes en Jesús debemos ver el mundo como es realmente. Y una vez que veamos cómo es la realidad, entonces podremos ayudar a crear el cambio. En definitiva, hay «dragones» contra los que vale la pena pelear. Y hay molinos que simplemente son... molinos.

Pienso en Gedeón, en el libro de los Jueces. Él estaba viviendo en un ambiente de opresión, con el enemigo de los israelitas, los madianitas, que saqueaban y atacaban los pueblos de la región. Se sabe que Gedeón se escondió en un lagar para sacudir el trigo, porque tenía miedo de que las fuerzas enemigas lo encontraran. Un ángel se encontró con él y le dijo que él estaría a la cabeza para hacer retroceder al enemigo. Gedeón le pidió tres señales para asegurarse de ese llamado a su vida, lo cual Dios respondió; entonces Gedeón reunió a un ejército y se dirigió a atacar al enemigo.

Lo que me encanta de esta historia es que Gedeón no era ingenuo con respecto al enemigo con el que se enfrentaría en la batalla. Él no fue en busca de una pelea, sino que le permitió al Señor prepararlo. Y esta historia me ayuda a comprender mejor la manera en que Dios me habla y me usa para pelear cuando Él es mi Defensor:

1. **Gedeón estaba más que consciente de que los madianitas eran un enemigo terrible.** No es malo comprender el poder de tu enemigo; de hecho, yo diría que es imperativo ser objetivo acerca de aquello contra lo que te enfrentas. Gedeón no habría podido enfrentarse solo a un enemigo tan poderoso. Es por eso por lo que se estaba escondiendo en un lagar: por una buena comprensión de todo lo que estaba sucediéndole a su país. Pero a veces nos confundimos y hacemos de las cosas enemigos que no tenemos, y permitimos que nuestros verdaderos enemigos tengan un lugar en nuestra vida. Peor aún, a veces nos negamos a reconocer cosas que nos son verdaderamente peligrosas, pensando que no tendríamos «fe» si las viéramos como tal. El ejemplo de Gedeón me enseña que reconocer a los verdaderos dragones es imprescindible para entonces ver lo que Dios puede hacer.

2. **Gedeón permitió que Dios confirmara el llamado que le hizo.** Lo sé, lo sé. Algunos maestros de Biblia usarán la historia de Gedeón y su petición de señales a Dios para exponer su nerviosismo o su falta de fe. Cuando el ángel le dijo que él dirigiría

105

la batalla, Gedeón le pidió tres señales: que el ángel esperara a que le ofreciera un sacrificio; que un vellón de lana se mojara y la tierra alrededor del vellón estuviera seca; y que, la noche siguiente, el vellón estuviera seco y la tierra que lo rodeaba mojada. Mira, a veces quiero pelear una guerra que no es mía. No creo que siempre sea falta de fe pedirle a Dios que confirme tu asignación, yo diría que eso es sabio. Posiblemente veas todos los males del mundo como si pelear con ellos fuera absolutamente tu tarea, con Dios a la cabeza. Y puede haber escaramuzas que sientas que debes arreglar, pero no son tuyas ni tienes que solucionarlas. Cooperar con Dios como tu Defensor significa escuchar cuidadosamente para qué batallas te equipa y de qué batallas te libra.

3. **Gedeón peleó a la manera de Dios.** Gedeón comenzó con un gran plan de batalla. Él hizo que 32.000 hombres se dispusieran a ir contra el enemigo. Pero el ejército madianita constaba de 135.000 hombres, es decir, los hombres de Gedeón eran sobrepasados por más de cuatro a uno. Poder reunir ese número de hombres para ir contra tan difíciles probabilidades *es* un grandioso testimonio de la clase de liderazgo que poseía Gedeón. Pero Dios pensaba en una batalla diferente. Dios le dijo a Gedeón que *redujera* el número de su ejército.

Como ves, Gedeón comenzó deseando pelear tal como el enemigo lo haría: más hombres, más espadas. Pero cuando Dios te llama a la batalla, puede pedirte que uses tácticas diferentes de las que estás viendo en el lado contrario. Él podría llamarte a usar la oración. Podría llamarte a usar el ayuno. Podría llamarte a tener compasión. Podría llamarte a usar las Escrituras. Él, definitivamente, no te llama a usar chisme, difamación ni aversión. Pero esa es la genialidad de lo que Dios hace cuando te llama a la batalla. Él no está limitado por las tácticas usuales de guerra.

4. **Gedeón se aseguraba continuamente de estar en el camino correcto.** Después de que Gedeón congregara al ejército que

Dios le dijo que redujera a 300 hombres, Dios hizo lo siguiente por Gedeón: «Aconteció que aquella noche Jehová le dijo: Levántate, y desciende al campamento; porque yo lo he entregado en tus manos. Y si tienes temor de descender, baja tú con Fura tu criado al campamento, y oirás lo que hablan; y entonces tus manos se esforzarán, y descenderás al campamento. Y él descendió con Fura su criado hasta los puestos avanzados de la gente armada que estaba en el campamento» (Jueces 7:9-11). Gedeón obedeció. Se coló en el campo enemigo y escuchó a un par de hombres que hablaban sobre de un sueño extraño que uno de ellos había tenido. Gedeón sabía exactamente lo que significaba, por lo que regresó con sus hombres animado con el curso que estaban tomando, aunque estuvieran excesivamente sobrepasados en número de hombres y de armas.

Me encanta que Gedeón bajara al campo enemigo a escuchar lo que estaban diciendo. Me encanta que no respondiera al impulso del Señor, diciendo: «Ya lo tengo, ya lo tengo, Señor. Estoy tan lleno de fe que no necesito que me animes». No, Gedeón permaneció humilde, dispuesto a continuar recibiendo el aliento y la confirmación de Dios.

Esta es una lección para ti y para mí: necesitamos asegurarnos con Dios continuamente de estar en el camino correcto cuando se trata de las heridas y los desafíos de nuestra vida. Él es fiel para confirmar nuestro camino. Si decidimos que no necesitamos escucharlo durante un tiempo, que tenemos el plan de batalla controlado, entonces estamos en un gran peligro.

5. Al final no hubo ningún alardeo. A veces, cuando pasamos por una batalla difícil, cuando la gente que nos lastima obtiene lo que merece y cuando le alcanzan las consecuencias de su comportamiento, podemos sentirnos tentadas a darnos una palmadita en la espalda por enderezar el daño. Pero Dios tenía razones específicas para reducir el ejército de Gedeón como lo hizo. Observa Jueces 7:2, donde dice: «Jehová dijo a Gedeón: El pueblo que está

contigo es mucho para que yo entregue a los madianitas en su mano, no sea que se alabe Israel contra mí, diciendo: Mi mano me ha salvado». Mira, en ocasiones deseamos luchar contra molinos de viento, de manera que tengamos derechos personales de jactarnos por haber derribado a alguien que ha lastimado a los demás, alguien que ha tratado de forma poco ética a los clientes, o que ha sido una espinita en la comunidad. Pero cuando Dios es nuestro Defensor, y cuando estamos caminando de cerca con Él, debemos saber que cualquier victoria sobre el enemigo se debe a Él. Si te sientes llamada a una pelea, cuida tu lenguaje. ¿Se trata de cuán inteligente eres para averiguar dónde ocurrió la infracción en Recursos Humanos? ¿Hablas sobre tus brillantes habilidades de detective para determinar que alguien violó el contrato? ¿O le das la gloria a Dios que te ha permitido ayudar a ser parte de la solución de algo?

Entrar en una batalla puede parecer algo noble. Y en ocasiones lo es. Pero cuando pienso en Don Quijote, recuerdo que, en el camino para entender a Dios como mi Defensor, quiero asegurarme de que comprenda cuál es una batalla verdadera y una verdadera causa que Dios desea que yo asuma, y cuál sería mi ideal o la identidad a tomar. ¿Quién estoy tratando de ser en realidad en esas situaciones? ¿Con qué estoy peleando de verdad? ¿Estoy haciendo de todos los molinos de viento un dragón? Estas son preguntas que necesito plantearme para no permanecer atorada en una batalla por cada cosa que perciba como desprecio, como una mirada de ataque o una burla. Hay batallas que vale la pena pelear. Y hay peleas que son solamente percepción mía. Conocer la diferencia es un paso importante en el viaje para conocer que Dios es mi Defensor.

ANTES DE AVANZAR

1. ¿Qué peleas te han apasionado que han terminado no siendo lo que pensabas?

2. ¿De qué maneras te instruyó Dios a pelear la batalla, que no tienen sentido con lo que tu oponente es capaz de hacer?

3. ¿Percibes la oración, el ayuno, la compasión y las Escrituras como «armas»? ¿O en ocasiones piensas que la gente usa tales cosas como excusas para no hacer nada? ¿Por qué piensas de esta forma?

siete
EL BARRANCO DE LA VINDICACIÓN

ÉL TENÍA TIEMPO DE SOBRA, DE MANERA QUE DECIDIÓ escribir.

John tuvo primero una carrera como fabricante y vendedor de utensilios de cocina. Había aprendido el oficio de su padre y había desarrollado una franquicia propia. Se casó, tuvo un bebé y llevaba una vida bastante normal.

Hasta que una profunda pasión se apoderó de él.

John comenzó a leer más atentamente la Palabra de Dios. Además, encontró enseñanza sobre llevar una vida completamente consagrada a Jesús. Eso cambió todo.

Él estaba viviendo en un país donde, por una serie de cambios políticos, se impusieron restricciones sobre lo que podía decir y creer sobre su relación con Dios. El gobierno estableció límites en la forma en que la comunidad podía reunirse para adorar y celebrar sus creencias. Pero, debido a lo que John había experimentado en su caminar con Dios, sintió que no tenía otra opción más que defender lo que creía, aunque eso significara que habría graves repercusiones.

Las hubo.

John fue arrestado y llevado a prisión. Es por ello por lo que tenía un poco de tiempo en sus manos. Y por eso decidió escribir.

Él no sabía en ese momento que el escrito que había redactado durante su tiempo en la cárcel se convertiría en la primera novela publicada en inglés. Él no tenía idea de que, durante los siguientes 340 años, su libro no dejaría de imprimirse. No se imaginaba que esa novela sería traducida a más de doscientos idiomas. Tampoco sabía el impacto que tendría su libro.

Pero Dios sí lo sabía.

El progreso del peregrino, escrito en 1679 por el vendedor de utensilios de cocina que se convirtió en predicador apasionado, John Bunyan, es una de las historias más amadas de la literatura cristiana. Es la historia de un hombre llamado Cristiano, que estaba abriéndose camino de la Ciudad de la Destrucción hacia la Ciudad Celestial. Él llevaba en su espalda el peso de sus propios pecados y fracasos. Conoció a muchos personajes a lo largo del camino, algunos que lo ayudaron en su viaje y otros que intentaron sacarlo del camino. También pasó por varios lugares, o estaciones, a lo largo del trayecto, lugares donde se había atascado y lugares que lo tentaron a volverse e ir a casa.

Pero Cristiano perseveró a través de todo ello con ayuda divina.

Una de las partes de la historia que más me gustan son todas las estaciones por las que Cristiano debió pasar con el fin de llegar a la Ciudad Celestial. Cada una de esas paradas es un lugar donde yo he luchado en mi propio camino de fe. Eso es en parte la razón por la que me refiero a ver a Dios como nuestro Defensor, como un viaje que realizamos, que tiene sus propios peligros y caídas posibles. Es una alegoría, una historia con aplicaciones del mundo real, que oro que nos ayude a comprender los perjuicios que hemos sufrido.

En este viaje para ver a Dios como nuestro Defensor, creo que existe un peligroso recordatorio de algunos de los lugares por los que Cristiano tuvo que pasar en *El progreso del peregrino*. Nosotras debemos pasar por el barranco de la vindicación para encontrar una mayor libertad. El truco es que este desfiladero puede parecerse al lugar donde puedes encontrar gran sanidad. Cuando entras por primera vez, puede parecer que las cosas se iluminan a medida que el sol comienza a traer luz a los rincones oscuros de tu alma.

Pero no hay sol en los barrancos. La acogida de los barrancos por ambos lados puede convertir el suelo del valle en un estudio en tonalidades grises. Por un lado, elevarse hacia las alturas, lo cual es bueno. Por el otro lado, planear oscuramente, eso es lo errado y maligno. En medio, atravesamos un paisaje que parece una mezcla confusa de ambas cosas, a medida que entramos en el abismo, buscando vindicación. Me encanta esta imagen.

La vindicación es cuando no solamente quieres que la persona que te lastimó sea expuesta, sino también quieres probar que tú tenías razón, que tú no tenías la culpa en la situación. Escúchame bien: este es un lugar peligroso y engañoso.

Es peligroso por dos razones, dos juegos mortales.

EL JUEGO DE LA VERGÜENZA

En primer lugar, tenemos una cultura que tiende a culpar a las víctimas en maneras horrendamente injustas. Los sociólogos y los psicólogos nos dicen que a menudo hay un prejuicio contra las víctimas. Esa es parte de la manera en que intentamos aislarnos del temor de que lo mismo nos suceda a nosotros.[1] «Bueno, debiste haber visto lo que ella llevaba puesto esa noche», dice la chismosa compañera de clase. «Desde luego, nadie tiene ningún negocio en esa parte de la ciudad», dice un vecino murmurador. «Si parece demasiado bueno para ser verdad, entonces lo es», dice un colega de negocios autocomplaciente sobre un compañero a quien le robaron en una sociedad infausta.

La victimología es el estudio de cómo y por qué se culpa a las víctimas, y refleja que las víctimas de abuso doméstico o sexual a menudo son objeto de inculpación. Pero la inculpación no es exclusiva de esas situaciones. Puede suceder en circunstancias de extorsión como puede suceder igualmente en contextos emocionales. Ya sea que ocurra al decir que la víctima comparte la responsabilidad del ataque o al poner en duda a una víctima cuando esta se presenta, eso les produce un dolor extraordinario a quienes lo experimentan.

Inculpar a la víctima saca a la superficie la vergüenza de lo que sucedió y actúa como si la persona que sufrió la herida pudiera haber sido sensata, averiguado cómo evitar la situación o hecho algo en el momento para detener lo que estaba sucediendo.

Algunas personas me han hecho el juego de la vergüenza y yo me he culpado a mí misma. Esa fue una de las partes más peligrosas para mí en la marcha hacia la vindicación.

Cuando descubrí que el familiar extendido que abusó sexualmente de mí había abusado también de mi sobrina, me atormenté con la culpabilidad. Yo no había hablado del abuso que experimenté hasta que descubrí que se lo estaba haciendo a ella. En mi mente, yo era responsable de lo que le había pasado a ella. Ni hablar de que yo todavía era niña y me aterrorizaba el perpetrador. Esa culpabilidad se convirtió en un peso sobre mi espalda mientras caminaba a tropezones para permitir que Dios fuera mi Defensor. Cargué con eso durante años.

En el juicio para procesar a ese pedófilo encontré alivio con la jueza que supervisó el caso. El periódico *Press-Telegram* reportó:

Rosa, la hermana de Rivera, también se dirigió al tribunal, diciendo que, debido a Marín, ella había perdido su inocencia a los ocho años. Durante los siguientes años, dijo ella, también perdió la confianza «en los hombres, en ella misma y en el mundo».

Con respecto a la sentencia para el acusado, ella dijo que no daría su opinión.

«No sé cuánto vale la infancia de una persona», dijo ella.

Rosa Rivera, además, le dijo al juez que ya no podía mirar a su sobrina «a los ojos», porque continuaba con la culpa. Si ella hubiera reportado inmediatamente el abuso, dijo, su sobrina nunca habría sido victimizada.

La [jueza] Comparet-Cassani, interrumpiendo, le dijo a Rivera que toda la culpa le correspondía a Marín, no a ella.

«Tú no eres responsable de lo que sucedió», dijo ella.

Rosa Rivera asintió y dijo: «Gracias».[2]

Que alguien en autoridad, alguien que comprendía y defendía la ley, me dijera que ya no necesitaba cargar con esa culpabilidad alivió un peso que había estado conmigo durante mucho tiempo.

A quienes les gusta pensar que la Biblia es una colección de historias infantiles con resultados sencillos, les diría: «¡Vayan a leer las Escrituras de verdad!». La Biblia tiene relatos complejos del desorden de la vida de la gente. Una de las lecturas más difíciles para mí es la historia de Tamar.

Tamar fue una de las hijas del rey David. Ella poseía una gran belleza. El rey David tuvo varias esposas, aunque la Palabra de Dios hablaba contra eso. David tuvo varios hijos con todas esas esposas y Tamar fue hija de su esposa Maacá. Ellos también tuvieron a un hijo llamado Absalón.

Ahora, David tuvo otro hijo, Amnón, con su esposa Ahinoam. Amnón se obsesionó con su hermanastra, Tamar. A veces leemos una traducción de 2 Samuel 13:2 que hace parecer como si Amnón estuviera enamorado de Tamar. No. Eso no es lo que dice el idioma original. En el hebreo original del versículo 2, dice que estaba tan angustiado de no encontrar una manera de dormir con ella que literalmente se enfermó. No se enamoró. Eso solamente fue enfermedad, o como la Biblia le llama, lujuria.

Amnón se dirigió a su primo, Jonadab, a buscar consejo y este le recomendó seguir con su procedimiento:

«Acuéstate en tu cama, y finge que estás enfermo; y cuando tu padre viniere a visitarte, dile: Te ruego que venga mi hermana Tamar, para que me dé de comer, y prepare delante de mí alguna vianda, para que al verla yo la coma de su mano». (2 Samuel 13:5 RVR1960)

Ahora, quiero darle a Jonadab el beneficio de la duda. Quizá su intención era solamente hacer que Amnón tuviera un encuentro con Tamar y un poco de consideración de su parte. Aun así, fue un mal consejo, dado que Amnón no tenía que perseguir ninguna relación íntima con Tamar. Pero tal vez Jonadab no estaba pensando que Amnón llegaría tan lejos como lo hizo.

Amnón hizo lo que Jonadab le recomendó y le pidió a su padre, David, que le dijera a Tamar que lo visitara. Cuando Tamar lo hizo, las verdaderas intenciones de Amnón se revelaron. La violó y le dijo que se marchara. Al satisfacer su obsesión, él no quiso nada más que ver con ella. Eso no fue amor; fue un crimen, y es importante que, como personas que leen la Palabra de Dios, no intentemos reescribir esto como una historia de amor que salió mal. Fue simple y sencillamente un delito.

Tamar estaba desecha. La Palabra dice:

«Entonces Tamar tomó ceniza y la esparció sobre su cabeza, y rasgó la ropa de colores de que estaba vestida, y puesta su mano sobre su cabeza, se fue gritando. Y le dijo su hermano Absalón: ¿Ha estado contigo tu hermano Amnón? Pues calla ahora, hermana mía; tu hermano es; no se angustie tu corazón por esto. Y se quedó Tamar desconsolada en casa de Absalón su hermano» (2 Samuel 13:19-20 RVR1960).

Estas son sentencias fuertes. Absalón minimizó el quebranto de ella y le dijo que se callara en cuanto a lo que le había sucedido. Ella vivió como una mujer «desolada». La palabra hebrea para «desolada», *shamem*, también se traduce como «destruida».

Amiga, no pierdas de vista esto. Tamar no hizo nada malo. Pero la vergüenza que sintió, el peso que cargó por ello, la destruyó. Esta es la última vez que escuchamos de ella. Colapsó en el fondo de ese profundo barranco y permaneció ahí.

De igual manera, la herida que has experimentado —no necesariamente la persona que infligió la herida, sino la herida misma— está lista para destruirte. Una de las maneras en que buscará hacerlo es mediante el juego de la vergüenza.

Podrías pensar que eres la única culpable de lo que sucedió, tal como Tamar. La vergüenza puede evitar que veas las cosas como son en realidad. La inculpación se vuelve hacia ti. De alguna manera crees que tú eres la responsable.

¿Qué hay del dinero que te robó la persona en que confiabas? Podrías decirte cosas como: *Fui demasiado confiada. Debí haber visto las señales.*

¿Y qué de ese jefe que se enfurece, te amenaza e intimida? Podrías estar pensando: *Bueno, si solo pudiera trabajar más y no ser tan sensible, entonces todo estaría bien.*

¿Y ese chico con quien has estado saliendo que te ha abofeteado un par de veces? *Yo lo provoqué* —podrías decirte a ti misma—. Él es súper dulce la mayor parte del tiempo. Solo necesito no hacerlo enojar así otra vez.

Hermana, por favor. No debemos permitir que las sombras del barranco de la vindicación nos venzan. Hay situaciones en que posiblemente tengamos responsabilidad y más adelante nos encargaremos de ellas. Pero hay situaciones en que no la tienes. Tu única responsabilidad es confiar en que Dios te dirigirá en este lugar. Eso es todo. No tienes que tratar de rehabilitar a tu abusador. No tienes que guardar secretos que tu familia preferiría no contar. No tienes que dar excusas por el socio de negocios que lo arruinó. No tienes que dar excusas, porque sus comportamientos son responsabilidad de ellos, no tuya.

¿Qué pasaría si al continuar cargando con una culpa que no debes cargar solamente termina prolongando el tiempo en que Dios lidiará con tu abusador y en que se aplique la justicia? No estoy diciendo que sueltes la culpa para obtener la venganza, lo que te estoy diciendo es que cuando permites que Dios sea tu

Defensor, ya no te escondes en las sombras de una vergüenza que no te pertenece. Mira esta hermosa promesa:

«No temas, pues no serás avergonzada; ni te sientas humillada, pues no serás agraviada; sino que te olvidarás de la vergüenza de tu juventud». (Isaías 54:4, LBLA)

En estas situaciones, tú fuiste lastimada y, por lo tanto, estás en lo correcto. Ahora analizaremos la manera incorrecta de enderezar las cosas mientras viajamos por el barranco de la vindicación.

EL JUEGO DE LA CULPABILIDAD

El barranco de la vindicación también es un lugar peligroso, porque es posible que nos convenzamos de que no tuvimos responsabilidad de lo que sucedió. Como acabamos de decir, hay situaciones en que alguien es meramente la víctima. Pero aun cuando buscamos tener razón en cuanto a lo mucho que nos lastimaron, hay veces en que nosotras tenemos nuestra propia parte en la ecuación.

Una amiga mía aconseja a muchas parejas casadas que se encuentran en crisis. Ella dice que el barranco de la vindicación es el lugar en que los matrimonios se sanan o se dividen por completo. A su sillón de terapia llegan parejas que se encuentran en una profunda aflicción y comienzan con su narración. A menudo, uno de los cónyuges siente que el otro tiene toda la culpa. Ese cónyuge tiene una larga lista de todo lo que ha salido mal y de por qué la otra persona tiene la culpa. Eso se intensifica cuando uno de los cónyuges sí parece ser más «culpable»; por ejemplo, si él o ella tuvo una aventura o tiene una adicción.

A veces es verdad: una de las personas de la relación ha arruinado las cosas por completo. Pero mi amiga dice que lo fascinante en muchos casos es que, entre las dos personas, generalmente hay un patrón de comportamiento que ha conducido a esas transgresiones más evidentes por parte de uno de ellos.

De acuerdo, quédate conmigo. Sé que eso podría enfadarte. Pero es importante. ¿Sigues ahí? Bien.

Lo que ella quiere decir es lo siguiente: cuando hemos sido lastimadas, resulta muy fácil ver que la acción de esa persona es mala. Podemos evocar claramente el evento que quebrantó nuestro corazón, traicionó nuestra confianza o nos dio una puñalada por la espalda.

Lo más difícil es evaluar si nosotras tuvimos parte en ello, y en qué proporción, para más tarde aceptarlo.

Por ejemplo, exploremos la situación en que la esposa tiene un amorío. ¿Se equivoca ella al violar los votos matrimoniales? Completamente. ¿Es posible que haya casos en que un matrimonio sea feliz y saludable hasta que uno de los cónyuges tome una serie de malas decisiones en busca de un coqueteo? Sí. Pero, de acuerdo con mi amiga, no se ve con mucha frecuencia que un matrimonio feliz y saludable de la nada se descarrile. Con más frecuencia, me dice ella, lo que sucede es una serie de eventos por parte de ambos cónyuges. La esposa le dice a su esposo que ella tiene un lenguaje de amor y él piensa que todo eso es tonto. O le pide que sea más romántico con ella y él ni se inmuta. O el temperamento de él ha sido un problema. Cuando llega la tentación —y llegará, porque así trabaja el enemigo—, la esposa deja que ese abandono, o la herida que siente, o el enfado no expresado, se convierta en el trampolín que la lleve a encontrar plenitud en otro romance.

De ninguna manera estoy diciendo que se justifique que la esposa se desvíe. Para nada estoy intentando culpar al esposo de las decisiones morales de ella. Pero estoy diciendo que los problemas tienen capas, van más profundamente. En este caso, si el esposo está buscando vindicación, creyendo que él es la única parte lastimada, el futuro del matrimonio es desolador. De igual forma, si la esposa intenta defender la aventura al catalogar el comportamiento de su esposo, y además involucrándose en una forma de venganza, las probabilidades de que esa pareja salga intacta del barranco son pocas.

Yo creo que los hermanos Jacob y Esaú vivieron en el barranco de la vindicación durante largo tiempo, arrojándose amenazas e intimidaciones mutuamente. Eran mellizos y vivieron a la altura de esa designación. Eran personas muy diferentes que nacieron al mismo tiempo. Esaú era conocido como un hombre al que le gustaba salir y Jacob era más casero. Esaú tenía una naturaleza más impetuosa, Jacob era más estratégico. Esas diferencias se revelaron drásticamente cuando Jacob, con la ayuda de su madre, Rebeca, engañó a Esaú para que abdicara a su derecho como hijo mayor. Jacob terminó huyendo de su tierra natal por la furia de Esaú con respecto a la situación. Génesis 27:41 registra la respuesta de Esaú: «Y aborreció Esaú a Jacob por la bendición con que su padre le había bendecido, y dijo en su corazón: Llegarán los días del luto de mi padre, y yo mataré a mi hermano Jacob».

En principio, para mi mente legal y mi fuerte sensación de lo justo y lo injusto, eso parece ser un caso sencillo. Jacob y su mamá, Rebeca, engañaron por completo al ciego y viejo Isaac —padre de Jacob— y a Esaú, para que le diera a Jacob la herencia de su hermano mayor. Caso cerrado, ¿te parece?

Ah, pero espera.

Cuando buscamos capítulos atrás en la Escritura, hay un relato anterior entre hermanos que hace que la situación se complique un poco más. Un día, cuando eran más jóvenes, Esaú llegó hambriento y fatigado de cazar. Olió el guiso y el pan que su hermano Jacob había estado preparando en la cocina y le pidió un tazón. Jacob le exigió una promesa a cambio de la comida:

«Y Jacob respondió: Véndeme en este día tu primogenitura. Entonces dijo Esaú: He aquí yo me voy a morir; ¿para qué, pues, me servirá la primogenitura? Y dijo Jacob: Júramelo en este día. Y él le juró, y vendió a Jacob su primogenitura. Entonces Jacob dio a Esaú pan y del guisado de las lentejas; y él comió y bebió, y se levantó y se fue. Así menospreció Esaú la primogenitura». (Génesis 25:31-34)

A mí me disgusta esta ardid de Jacob tanto como a ti. Pero no obviemos el último versículo: «Así menospreció Esaú la primogenitura».

Cada una de nosotras tenemos una primogenitura como hijos de Dios. Pero a veces no la valoramos como deberíamos. Permitimos que las circunstancias y las conveniencias se interpongan, y agarramos atajos, nos quejamos o ignoramos. Entonces, cuando alguien se abalanza y nos quita lo que debió haber sido nuestro, reclamamos: «¡Ellos tienen la culpa!». O justificamos nuestra respuesta por causa de sus acciones.

Ahí es donde terminaron Jacob y Esaú. Jacob se dio cuenta de que Esaú lo estaba persiguiendo, de forma que tuvo que empacar todo lo que tenía y se fue a las montañas.

Por tanto, la pregunta que debemos hacernos es: ¿Cuál es mi responsabilidad en esta situación? Aceptar nuestra responsabilidad no siempre significa que las cosas se arreglarán. Pero sí quiere decir que, una vez que sepamos, comprendamos y nos arrepintamos por nuestra parte en ello, seremos libres para avanzar por ese lugar peligroso hacia el día más brillante que Dios tiene para nosotras, sin importar las decisiones de la otra parte.

¿Qué pasó con Jacob y Esaú?

A partir de lo que podemos ver en las Escrituras, su animosidad y su temor los dividió durante unos veinte años. Jacob trabajó lejos de casa para su suegro, Labán, todo el tiempo; pero llegó un momento en la relación en que Jacob quería ser dueño de su propia vida. Así que hizo planes para regresar a su tierra natal, pero sabía que eso implicaba entrar en el barranco de la vindicación.

Literal y figuradamente.

Resulta que el lugar en donde se encontraron Jacob y Esaú después de esa larga separación, fue un profundo valle a través del que corría un río. Ese río, en los tiempos bíblicos, se llamaba Jaboc, hoy conocido como el río Zarqa. Jacob temía encontrarse con su hermano mellizo por primera vez en veinte años. Cuando se preparó para entrar en el territorio de Esaú, pasó una noche inquieta a un lado del Jaboc, con sus esposas y todas sus posesiones al otro lado. Él estaba completamente solo, pero a la vez no lo estaba. Estuvo peleando con un hombre misterioso. Este relato es lo que sería conocido como la historia de la lucha de Jacob con Dios. Después de ese encuentro, Jacob se acercó al área donde esperaba ver a Esaú.

Ese era el momento. Si esta historia fuera hecha película, comenzaría a escucharse música de suspenso. Esaú se estaría acercando por su lado del valle, caminando por la orilla del río. Y Jacob se acercaría tentativamente desde su lado, dudando de lo que sucedería después.

Las Escrituras dicen que Jacob «pasó delante de ellos y se inclinó a tierra siete veces, hasta que llegó a su hermano. Pero Esaú corrió a su encuentro y le abrazó, y se echó sobre su cuello, y le besó; y lloraron» (Génesis 33:2-4).

Jacob y Esaú entraron en el barranco de la vindicación, en este caso, con el feroz desfiladero cavernoso abrazando al Jaboc. Con humildad y honor, Jacob se acercó a Esaú. Esaú se acercó a Jacob con amor y sentimiento. Dejaron a un lado la idea de intentar validar sus posturas con respecto a la disputa original y encontraron la vindicación al reunirse.

Para mí, su reunión es un vivo ejemplo de lo que Pablo le escribió a la iglesia de Roma casi dos mil años después: «No paguéis a nadie mal por mal; procurad lo bueno delante de todos los hombres. Si es posible, en cuanto dependa de vosotros, estad en paz con todos los hombres» (Romanos 12:17-18). Habría estado justificado que tanto Jacob como Esaú conservaran sus posturas. Ambos tenían razón: Esaú nunca debió haber tratado su herencia con tal despreocupación y Jacob no debió haber engañado a su hermano para tomarla. Ambos habrían errado al perder el resto de sus años como hermanos que se amaban y se apoyaban mutuamente.

¿Qué significa todo esto para ti y para mí? Amiga, hay cosas por las que he cargado demasiada culpa. He cargado el peso de la culpa durante demasiado tiempo en situaciones de las que no he sido la responsable. También he culpado demasiado a la gente por otras situaciones de mi vida. He estado largas temporadas en el barranco de la vindicación, donde las sombras han pintado mi vida de gris. Hay razones importantes para viajar por ese desfiladero. Tendremos que haber luchado con Dios para comprender qué parte debimos haber jugado. Quizá salgamos del barranco cojeando un poco, habiendo descubierto que necesitamos caminar en humildad para encontrar plenitud o podríamos salir sintiéndonos más ligeras, con una nueva perspectiva de lo que nos sucedió.

Continúa presionando, hermana. No dejes que las lecciones de este lugar sagrado te pasen de largo. Lo que se aprende aquí es demasiado precioso como para no llevarlo contigo durante el resto del viaje.

ANTES DE AVANZAR

1. ¿Por qué razón has estado cargando tanta culpa?
2. ¿Qué te permitiría soltar esa carga?
3. ¿En qué situación creíste que no tenías responsabilidad alguna, pero ahora el Espíritu Santo te está convenciendo de que hay modificaciones que hacer?

4. Lee Génesis 32:22-31. Observa que Jacob peleó con Dios antes de que fuera a encontrarse con Esaú por primera vez en dos décadas. ¿Qué le exigió Jacob a ese ser con el que peleó? ¿Qué aprendiste de lo que quieres llevarte al barranco de la vindicación al confrontar las heridas de tu pasado? ¿Cómo es que Dios, tu Defensor, puede equiparte para la experiencia?

ocho
LA TRAMPA DE LA EVASIÓN

LO SIGUIENTE ES ALGO QUE ME GUSTA DE MÍ: NO POS-tergo las cosas.

Es probable que tenga que agradecérselo a mi hermano, Juan.

De acuerdo, no por completo. Siempre me ha gustado termi-nar mis quehaceres, obtener la nota y cumplir a tiempo. Pero Juan definitivamente ayudó a reforzar eso.

Esto es lo que sucede con Juan: él y yo somos los bebés de la familia. Él es el quinto de seis hermanos y yo soy la sexta, de modo que él es el bebé niño y yo soy la bebé niña. Y yo soy *la* Bebé. Es decir, la verdadera bebé de la familia. (Solo tenía que mencionarlo aquí. Es importante).

Juan y yo siempre hemos sido cercanos. Yo siempre he sentido que Juan es el más brillante de los hijos Rivera. Él puede arreglar todo, averiguar todo y recordar toda clase de cosas asombrosas. Tiene una tremenda ética laboral como todos los Rivera: trabaja duro, trabaja con excelencia. Pero en lo que se refiere a la escuela, era perezoso. P-E-R-E-Z-O-S-O. No abría un solo libro, no estu-diaba. Siempre lograba arreglárselas con sus atuendos, su encanto y su habilidad atlética.

Escucha, no estoy chismeando de Juan. Él te diría cuán pe-rezoso era cuando estaba en la escuela; excepto que le costaría mucho trabajo decírtelo. Solo estoy aquí para ayudar.

Cuando Juan estaba terminando la preparatoria, todo lo que quería hacer era jugar béisbol. Él era (y sigue siendo) un gran ju-gador y no le gustaba que sus días de béisbol terminaran. Decidió ir a la universidad para poder continuar jugando. Por razones que todavía no puedo comprender, un semestre se inscribió para cursar dieciocho materias. Yo todavía estaba en la preparatoria, pero sabía que él estaría completamente emocionado. Le dije que no creía que fuera buena idea estudiar dieciocho materias. Era una carga demasiado pesada, y además tenía práctica de béisbol todo el tiempo junto con el programa deportivo. Yo no creía que me estuviera escuchando, hasta que se me acercó con un plan.

Una tarde, cuando ambos estábamos en casa, me dijo: «Rosie, esto es lo que necesito hacer. Me inscribiré en una de estas clases en línea. Y tú puedes tomarla por mí. Tú tienes excelentes notas en todo. Estudiar no es un problema para ti. Puedes tomar esta clase en línea como si fueras yo, mientras yo estudio las otras quince unidades, ¡y todo funcionará de maravilla!».

Ahora, en mi defensa, esto lo dijo de soslayo. No es que hubiéramos tenido una plática seria, un papel firmado o que hubiéramos fijado un itinerario. Parecía que él lo decía en serio y a la vez no. Yo no tenía muy claro en qué categoría de chiste caía su idea. Así que postergué conectarme en línea y ver de qué se trataba el curso. Pospuse la búsqueda de las tareas del semestre. Literalmente postergué todo lo posible para una clase virtual.

Avancemos cuatro meses. El final del semestre estaba a unos días. Yo había hecho bien mis cursos de preparatoria y estaba estudiando diligentemente para mis exámenes finales. Una tarde me encontraba en la oficina de papá, cuando Juan se detuvo ahí. Estaba orgulloso de sí mismo. Por primera vez iba a obtener muy buenas calificaciones en todos sus cursos. Y lo había hecho mientras mantenía un riguroso programa de béisbol. Él le estaba dando a mi papá las buenas noticias, cuando se volteó hacia mí y me dijo:

—Rosie, terminaste ese curso en línea por mí, ¿verdad?

Yo me congelé, quedé atónita.

—Eh… —murmuré.

—¿Qué? — me preguntó Juan.

—Yo, em… bueno… —tartamudear parecía mi mejor defensa en ese momento.

La realidad es que no me había conectado ni visto el fulano curso. Nunca había visto ni una sola clase, nunca entregué ninguna tarea, nunca miré el programa.

—Rosie, ¿qué hiciste? —estalló Juan.

Yo le hice saber vacilante que, eh, no, «yo actuando como él» nunca había entrado en la clase virtual.

La palabra pálida ni siquiera puede describir la respuesta de Juan. Él gritó, vociferó, y comenzó a lanzar declaraciones amenazantes en mi contra. Nos enfrentamos en el escritorio de papá, mientras él nos miraba, moviendo la cabeza de un lado a otro, como si fuera un partido de tenis. Yo le daba otra excusa, y Juan explotaba en una manera nueva; yo me defendía y Juan me respondía. De un lado a otro estalló ese caos por el curso universitario.

Finalmente me harté y le dije:

—¡No es mi culpa! ¡Me marcho! —Tomé mi bolso, agarré mis llaves y salí corriendo de la oficina de papá hacia el estacionamiento. Me subí a mi coche de un salto, lancé la puerta y salí a toda velocidad del estacionamiento, solo para darme cuenta de que Juan había abordado su auto y estaba persiguiéndome.

¡Ahora sí estaba asustada! ¿Qué me iba a hacer cuando me atrapara? ¿Me iba a gritar más o intentaría avergonzarme frente a mis amigos?

Me siguió de camino a casa, a unos quince minutos de la oficina de papá. Llegué a la entrada de la casa bruscamente, estacioné mi coche, corrí hacia la puerta principal antes de que Juan comenzara a gritarme otra vez en el jardín. Entré bañada en lágrimas en mi habitación y le eché seguro a la puerta. Juan entró en la casa rugiendo, golpeando todo y desahogándose.

Después de un par de horas, volvimos a ser amigos. Así es como funcionan las cosas entre Juan y yo. La buena noticia es que él logró pasar todas sus clases ese semestre y mantener sus calificaciones. Yo no estoy absolutamente segura de cómo lo hizo, pero sé que no tuve nada que ver con eso, ni en línea ni de ninguna otra forma.

Aprendí que la procrastinación no es amiga mía. Pero me tomó unos cuantos años más comprender el peligro de una forma más profunda de postergación.

Por otro lado, yo había postergado hacer el curso en línea de Juan. Pero ese no fue el verdadero problema. Yo nunca planeé tomar la clase por él, pensara o no que estaba bromeando. Eso habría sido trampa. No habría sido justo ni para él ni para mí. Mi itinerario educacional estaba lleno de cursos avanzados para obtener créditos adicionales, por lo que no tenía tiempo. Eso habría sido mentir por Juan y yo no haría eso.

De manera que, lo que verdaderamente aplacé fue confrontar ese asunto. Evité responderle a Juan y preguntarle si estaba bromeando o si en verdad esperaba eso de mí. Evadí obtener esa aclaración, porque eso habría llevado a que tuviéramos un fuerte desacuerdo sobre la ética de su hermana pequeña al tener que fingir ser él. Evité la confrontación porque no quería que él se decepcionara de mí ni pensara que no estaba apoyándolo.

Esa es la trampa de la evasión. Cuando evitamos ciertos asuntos en nuestro camino hacia la justicia, cuando postergamos enfrentar la raíz de una herida, nos arriesgamos a sufrir un daño mayor a largo plazo.

Ese es el peligro de la procrastinación. Podemos pensar que estamos demasiado ocupadas para lidiar con algo. Que no tenemos tiempo. Está bien, muy bien. Pero los problemas pertinentes a la postergación no solo tienen que ver con ser «perezosas» o estar distraídas. La postergación es evasión, por lo que cuanto más evitemos lidiar con las heridas y los perjuicios de nuestra vida, más profunda será la infección y el deterioro en nuestra sensación de paz.

Puedo decirte por experiencia que evitar lidiar con la raíz de un problema le permite al mismo extenderse más de lo que puedes imaginar.

TIEMPO PARA CONVERSAR

Aquí es donde nuestro trayecto toma un giro interesante, mientras continuamos aprendiendo a confiar en Dios como nuestro Defensor. Muchas de nosotras necesitamos ayuda para no intentar tomar los asuntos en nuestras manos. Necesitamos ayuda para no intentar vengarnos de alguien. Necesitamos revisar nuestro corazón y recordar cómo dejar que Dios determine el tiempo, el lugar y la manera en que Él saldrá en nuestra defensa.

Sin embargo, algunas de nosotras también tenemos la tendencia a dejar pasar las cosas durante demasiado tiempo. Permanecemos calladas cuando deberíamos hablar. Nos negamos a desafiar aquello que cruza los límites injustamente.

La diferencia entre cerrar la boca sabiamente acerca de algunas cosas y exponer otras de manera apropiada puede parecer muy sutil. Después de todo, hay versículos que nos aconsejan guardar silencio: «Bueno es esperar en silencio la salvación de Jehová» (Lamentaciones 3:26 RVR1960) y «Alma mía, en Dios solamente reposa, porque de él es mi esperanza» (Salmos 62:5 RVR1960) son solamente algunos. He visto que la gente usa versículos como estos para evitar exponer un abuso o un problema en su vida. Yo lo he hecho. Aceptémoslo: puede parecer más cómodo simplemente no decir nada que abrir la caja de pandora. Cuando estamos deseando caminar bien con Dios, no hablar podría casi parecer más correcto o lleno de gracia.

Sin embargo, también hay versículos muy claros sobre nuestra responsabilidad en cuanto a no permitir que continúen los comportamientos pecaminosos. Pablo escribió: «No tengan nada que ver con las obras infructuosas de la oscuridad, sino más bien denúncienlas» (Efesios 5:11 NVI). Unos versículos más adelante, Pablo explicó la necesidad de exponer los hechos infructuosos: «porque la luz es lo que hace que todo sea visible» (v. 13). Hay veces en que resulta esencial exponer el abuso, los actos ilegales y la explotación del indefenso. Hablar no significa reemplazar a Dios como nuestro Defensor; nos permite pelear junto con Él. Cuando le permitimos a Dios ser nuestro Defensor, hacemos nuestra parte al hablar de una ofensa malvada contra nosotras y, luego, le permitimos a Dios determinar lo que sucederá después. Considera estas palabras de Juan: «Si recibimos el testimonio de los hombres, mayor es el testimonio de Dios; porque este es el testimonio [de] Dios» (1 Juan 5:9 RVR1960).

Casi puedo leer tu pensamiento: «Pero, Rosie, ¿qué hay de 1 Pedro 4:8? ¡Dice que "el amor cubre multitud de pecados"! ¿No debería yo simplemente avanzar?».

Esa es una buena pregunta. Pero aquí es donde creo que nos confundimos. Estamos mezclando las discusiones y los sentimientos dolorosos que pueden provenir de diferencias de opinión y de la fricción de vivir con humanos que tienen comportamientos y decisiones que pueden perjudicar, defraudar y poner a los demás en riesgo.

Por ejemplo, mi esposo Abel y yo tenemos algunas buenas discusiones clásicas, como todos. A veces me hace enojar mucho. Pero ahí es donde el amor que siento por él debería activarse como una cubierta. Él no me está haciendo enojar por un espíritu dañino; simplemente no nos ponemos de acuerdo en algo. O digamos que hay alguien de la iglesia que cree firmemente que debemos ofrecer una clase particular de ministración y yo no lo creo. Cada uno tenemos convicciones firmes al respecto e incluso podemos llegar a sentirnos lastimados mutuamente. Pero, a fin de cuentas, no debemos extender esos sentimientos. Eso es chisme y la Palabra de Dios está llena de advertencias acerca de ese tipo de discurso. Ese colega de la iglesia y yo debemos cubrir recíprocamente lo que consideramos como faltas mutuas con respecto a las diferencias de opinión y perspectiva.

Sin embargo, el amor no debe cubrir una multitud de males que generan víctimas. Digamos que tengo una amiga que está hablando severamente de alguien más. Ahora, yo podría evitar tener una conversación amorosa pero directa con mi amiga acerca del daño que podría estar causándole a la otra persona, a su reputación y a su corazón. Pero si aplazo esa conversación, si postergo hacer lo difícil pero correcto, yo sería responsable de permitir que otro ser humano sea lastimado por el chisme de mi amiga.

Me tomo en serio la advertencia del libro de Ezequiel, aunque pueda ser controversial o difícil de entender:

«Cuando yo dijere al impío: De cierto morirás; y tú no le amonestares ni le hablares, para que el impío sea apercibido de su mal camino a fin de que viva, el impío morirá por su maldad, pero su sangre demandaré de tu mano. Pero si tú amonestares al impío, y él no se convirtiere de su impiedad y de su mal camino, él morirá por su maldad, pero tú habrás librado tu alma». (Ezequiel 3:18-19 rvr1960)

Si no actúo y permito que continúe el ciclo de chisme, creo que acarreo con esa responsabilidad.

Hay información bastante alarmante sobre pedófilos que continúan abriéndose camino en las escuelas, en los programas de niños en la iglesia y en los grupos de adolescentes. ¿Por qué sucede eso? Porque las organizaciones no se pronuncian al respecto.[1] No quieren arriesgar la reputación de su escuela, su ministerio o su campamento juvenil, de manera que esconden lo que sucede. Antes de darse cuenta, el abusador se ha mudado a la siguiente escuela, ministerio o campamento juvenil. El amor, el verdadero amor, expone esta clase de faltas con el fin de que no sucedan de nuevo. El mal entendimiento de lo que es el amor esconde esta clase de pecados y males, y al hacerlo, permite que se extienda más y más.

Sé que he usado ejemplos de un extremo y de otro (una pelea marital normal, contra abuso infantil). Observemos algunas situaciones que no aparentan caer claramente en un campo o en el otro. Imagínate que te das cuenta de que una chica de tu grupo está hablando a tus espaldas. Desde el primer momento eso es difícil, porque la manera en la que normalmente te enteras es por alguien que se acerca y te lo dice. El riesgo es que participes en lo mismo que ella está haciendo, extendiendo un banquete chismoso que la Biblia describe como los *nuggets* [trocitos de pollo] de Chick-fil-A. (¡No, de veras! Proverbios 18:8 y 26:22 (RVR1960) dicen: «Las palabras del chismoso son como bocados suaves, y penetran hasta las entrañas». ¡Los «bocados suaves» de mi Biblia saben a los *nuggets* de Chick-fil-A!).

Eso le sucedió a una amiga mía. Hace varios años le ofrecieron a su esposo un puesto de tiempo completo en su iglesia. Después de mucha oración y conversaciones, sintieron que no debían aceptar el puesto, sino que él debía permanecer en su empleo «secular». (Por cierto, por si te sirve de algo, creo que la Palabra de Dios nos enseña que todo el trabajo que hagamos como para el Señor es sagrado, sea como personal del ministerio o no). Ellos se sintieron honrados, pero rechazaron la oferta amablemente. Una persona de su congregación comenzó a decirles a los otros miembros de la misma que la razón por la que mi amiga y su esposo habían rechazado la oferta, era porque él ganaba más dinero en su empleo secular. Ella continuó cuestionando su decisión, declarando que era terrible que ignoraran el llamado de Dios a su vida por el dinero. Debido a que esa persona era alguien a quien mi amiga y su esposo consideraban amiga, otros miembros de la congregación supusieron que esa información era correcta, que esa persona había obtenido la razón directamente de mi amiga.

Sin embargo, eso no era verdad. Mi amiga nunca había dicho nada por el estilo y las finanzas no eran la razón. De hecho, el puesto ministerial habría sido financieramente más conveniente para ellos. Mi amiga y su esposo comenzaron a responder llamadas telefónicas, preguntas e indagaciones en el vestíbulo a la salida de la iglesia. La situación se volvió incómoda. Y además se hizo evidente que la acción de esa persona había creado una verdadera confusión y un debate entre la gente de la comunidad eclesial.

Era difícil saber qué hacer. En definitiva, mi amiga decidió confrontar primero —en privado— a la persona que estaba extendiendo esa información incorrecta. Ese método proviene de las palabras de Jesús en Mateo 18:15 (NTV): «Si un creyente peca contra ti, háblale en privado y hazle ver su falta. Si te escucha y confiesa el pecado, has recuperado a esa persona». Para mi amiga, tal parecía que las acciones de esa persona contaban como un pecado en su contra, ya que la mujer estaba contando una historia que no era verdad. Si hubiera sido una diferencia de opinión o de preferencia, mi amiga habría dejado el caso. Pero esa situación parecía ser más seria, porque estaba causando repercusiones que iban más allá de mi amiga y esa persona.

La conversación no tuvo buenos resultados. Inicialmente, mi amiga le preguntó a esa persona qué había estado diciendo. Ella esperaba que el comentario hubiera sido sacado de contexto. Pero, de hecho, esa persona se apegó a lo que había estado diciendo e incluso fue más lejos, afirmando que mi amiga y su esposo se comportaban como unos materialistas y egoístas. Eso asombró a mi amiga; no era lo que ella había esperado. Así que decidió que no necesitaba decirle nada más a esa persona, a menos que hubiera una o dos personas más que fueran transparentes, no solamente en cuanto a la persona que estaba extendiendo los rumores, sino también en referencia a mi amiga, de modo que pudiera intentar evitar la tentación de estallar.

Ese también es el siguiente paso que Jesús dio con respecto a terminar la postergación relacional y lidiar con los difíciles desafíos interpersonales. Continuando en Mateo 18:16 (NTV), Él dijo: «pero si no te hace caso, toma a uno o dos más contigo y vuelve a hablarle, para que los dos o tres testigos puedan confirmar todo lo que digas». De modo que mi amiga solicitó la ayuda de un mentor confiable, alguien que respetaran mi amiga y la persona que estaba haciendo las declaraciones. Pero eso tampoco salió bien.

Mi amiga te dirá que por más que trató de manejar todo eso en una forma santa, ella batalló. Fue doloroso que alguien arremetiera contra el carácter de su esposo y minara la reputación de su familia. Hubo comentarios en esas dos confrontaciones en que el estado de ánimo de mi amiga se irritó bastante. Hay cosas que ella pudo haber expresado en una manera más madura. Los aspectos que más le dolieron personalmente fueron las cosas que, a largo plazo, ella pudo haber ignorado.

Pero lo que no pudo ser ignorado fue el impacto que el conflicto pudo haber tenido en su comunidad de fe. Pudo haber causado polarización, podría haber hecho que la gente se parcializara por una de las dos. Por esa razón, mi amiga decidió sacar a la luz lo que había estado en las tinieblas.

Eso concuerda con lo que Pablo le dijo a Tito acerca de cómo manejar conflictos como esos en la iglesia de Creta. Pablo le escribió a Tito y le dijo: «Al hombre que cause divisiones, después de una y otra amonestación deséchalo» (Tito 3:10 RVR1960). El problema era personal, pero también tenía ramificaciones públicas y esa fue la razón por la que mi amiga tuvo que actuar.

Eso me lleva a algo que he estado aprendiendo de Salomón, que escribió: «[Hay] tiempo de callar, y tiempo de hablar» (Eclesiastés 3:7 RVR1960). Estoy aprendiendo la diferencia.

Creo que esto es una guía perfecta de cómo determinar sobre qué necesitamos hablar y lo que simplemente debemos dejar que cubra el amor. Cada pequeña irritación, cada diferencia de opinión, cada preferencia, no son cosas que debamos exponer. No tenemos nada que ver con el resultado. Me encanta cómo traduce Proverbios 17:27-28 la versión inglesa The Passion:

¿Puedes refrenar tu lengua cuando tu corazón está bajo
  presión?
Así es como muestras que eres sabio.
Un corazón entendido te mantiene sosegado, tranquilo y
  sereno,
pese a lo que estés enfrentando.
Cuando un tonto se muerde la lengua
es considerado como sabio.
Entonces, cierra la boca cuando te provoquen,
eso te hará lucir inteligente.
(Traducción libre de la versión bíblica en inglés THE PASSION).

Hay veces en que el botón de silencio es la mejor decisión. Eso implica salirte de la situación, decidir no comentar y darte un poco de espacio. Pero en ocasiones se necesita un protocolo más drástico. Si alguien ha cruzado la línea, es un peligro para los demás, está comprometiendo la unidad de una comunidad de fe, o está difamando o chantajeando a los demás, es tiempo de dejar de seguir a esa persona.

Podrías pensar que parece duro, pero eso es lo que Jesús nos insta a hacer cuando el comportamiento de alguien se ha sobrepasado en cierto grado.

Veamos de nuevo Mateo 18. Mira lo que Jesús dijo de una persona que ha pecado contra ti, con la que has intentado hablar primeramente en privado, y a la que has llevado un par de personas para ayudar. Si nada de eso ha funcionado, entonces esto es lo que sigue: «Si no los oyere a ellos, dilo a la iglesia; y si no oyere a la iglesia, tenle por gentil y publicano» (Mateo 18:17 RVR1960). No digo que sea fácil armarse de valentía para hablar y encender la luz en las tinieblas. Es difícil. Requiere de mucha sabiduría. Pero aquí es donde una de las promesas de Dios es clave para discernir qué simplemente callar y qué dejar de seguir al tomar una acción decisiva. Santiago, el hermano de Jesús, escribió lo siguiente: «Y si alguno de vosotros tiene falta de sabiduría, pídala a Dios, el cual da a todos abundantemente y sin reproche, y le será dada» (Santiago 1:5 RVR1960). La sabiduría en estas situaciones está a nuestra disposición.

¿JUEZA O JUICIOSA?

Existen muchas razones para la postergación y la evasión que practiqué en varias situaciones. Las amenazas de mi abusador en mi infancia, la vergüenza, el temor. Pero hay otra razón que usamos en la actualidad en nuestra cultura de fe: ser culpadas por «juzgar» a alguien. Si no tenemos cuidado de cómo definir la palabra «juzgar», esta puede mantenernos calladas aun cuando debemos hablar.

Mira, yo preferiría errar del lado de la gracia que desafiar a alguien en una manera que finalmente signifique que estoy juzgando a esa persona. Pero para los seguidores de Cristo, hacer de la justicia nuestra meta y llevar a los demás justicia no es juzgar. Es ser juiciosos.

Ser *juicioso* suena muy parecido a *juzgar*, pero es diferente. Significa que has usado sabiduría y buen juicio en una situación. No significa «juzgar» en el sentido de que estás estableciendo lo que está bien y lo que está mal. ¿Qué del abusador sexual que robó mi infancia? Yo no estoy juzgando al hablar de lo que sucedió con él, estoy buscando proteger a los demás; estoy siendo juiciosa. ¿Qué de cuando te llega una llamada telefónica de una amiga preguntándote lo que la otra persona chismeó acerca de ella? No estás juzgando al hablar la verdad sobre lo que experimentaste. Estás siendo juiciosa.

Aunque yo misma he experimentado el ambiente de juicio del que en ocasiones la gente de la iglesia puede estar saturada, no quiero perder el privilegio que me dio Dios de hablar cuando algo no está bien. Cuando estés frente a una situación en la que podrías hablar o permanecer callada, asegúrate de analizar a fondo las opciones: ¿Hablar sería enjuiciar? ¿O sería ser juiciosa? Un corazón juicioso, empoderado por el Espíritu Santo, puede ser la mejor opción.

Y ESTO...

Mientras trabajaba en este capítulo, comencé a buscar lugares en la Palabra de Dios en los que la gente evitara lidiar con ciertas situaciones, en que postergaran hablar y tomar cartas en el asunto. Hay varios ejemplos al respecto, pero hubo uno que se mantiene en mi mente.

El del buen samaritano.

Jesús les relató a sus seguidores historias que les ayudaran a comprender y a recordar los conceptos del reino. A esas historias las llamamos *parábolas*, porque están compuestas de un conjunto de circunstancias que tienen un significado más profundo en las situaciones de nuestra vida. Las parábolas se aplican a nuestras experiencias.

En la parábola del buen samaritano, que se encuentra en Lucas 10, un hombre viajaba de Jerusalén a Jericó, cuando le salieron al encuentro unos bandidos, lo golpearon y lo dejaron por muerto a la orilla de la carretera. Un sacerdote fue el primero que encontró al hombre herido y luego un levita, otro líder religioso. Ambos hombres evitaron ayudar a la víctima, porque aparentemente estaban demasiado ocupados o esperando que alguien más lo ayudara. Presentaron sus excusas, pero evitaron ocuparse de la persona lastimada. Finalmente, fue el samaritano quien lo ayudó. Los líderes religiosos de los días de Jesús odiaban a los samaritanos porque no seguían la teología judía exactamente. Pero Jesús mostró que aquellos que estuvieran dispuestos a ayudar a los heridos actuarían con mayor justicia que los religiosos que esquivaran a quienes tuvieran necesidad.

Esto es lo que pienso: yo he sido una viajera lastimada. He sido golpeada en este camino de la vida. A la vez, también he sido la persona religiosa que pasa de largo junto a mi yo lastimado, demasiado ocupada con otras cosas, o muy preocupada por las consecuencias de detenerme a darme a mí misma la ayuda que necesito. He evitado lidiar con las situaciones que me dejaron al lado de la carretera, que me robaron la inocencia y la esperanza. He interpretado ambos papeles a la vez.

Quizá ese también sea tu caso. ¿Has evitado hablar cuando necesitabas hacerlo, o lidiar de frente con algo, o hacer un cambio necesario? ¿Puedo sugerir que cuando lo hacemos, no solamente somos la víctima a un lado del camino, sino también somos aquella persona que pasa de largo? El Espíritu Santo en nosotras anhela consolarnos, aconsejarnos e infundirnos su valor para enfrentar la maldad de frente.

Quiero recordar la justicia del samaritano en la parábola de Jesús. Quiero recordar que a veces, la persona que está a la orilla del camino soy yo, y usar mi voz es una manera de hacerme avanzar hacia la posada donde puedo encontrar el cuidado que necesito, tal como la posada a donde el buen samaritano llevó al viajero herido.

Es hora de enfrentar lo que te ha perseguido. Es hora de dejar de hacer un alboroto de las cosas pequeñas, y lidiar con lo importante que ha estado en la raíz del problema durante todo este tiempo. Ir a la raíz no es divertido, pero es necesario para limpiar y sanar lo que ha estado oculto. Asusta terminar con relaciones tóxicas y llamarlas por su nombre. Resulta difícil encontrar tu voz cuando has estado en silencio durante tanto tiempo. Pero ese es el camino por el que salimos de la trampa de la evasión. Así es como terminamos de postergar las cosas importantes: hablando. Y nuestras palabras, dirigidas por el Espíritu Santo, producen limpieza, verdad, sanidad y seguridad para un nuevo día.

ANTES DE AVANZAR

1. ¿Hay algo de lo que no hayas hablado que necesite salir a la luz?
2. ¿Qué te ha mantenido callada?
3. ¿Qué conllevaría actuar como una buena samaritana contigo misma?
4. ¿Cuál ha sido el precio de la evasión?
5. ¿Qué le produciría a tu futuro salir de la trampa de la evasión?

nueve
EJECUTA LA MEJOR VENGANZA

POR LO QUE SÉ, GEORGE HERBERT FUE EL TOM HANKS del siglo diecisiete. Fue uno de esos hombres que aparentemente tenía talento para cualquier cosa que decidiera hacer. Nació en Inglaterra en una familia de diez hijos. Al principio de su vida, quería ser pastor. Después de su tiempo en la universidad, donde obtuvo su licenciatura y una maestría a los veintitrés años, se convirtió en lo que pensaríamos hoy que sería el rostro de la marca de su universidad, representando a Cambridge como orador público. Era tan bueno que atrajo la atención del rey Jacobo I, sí, del rey de la traducción de la Biblia. Además, se convirtió en miembro del Parlamento. En su tiempo libre, se hizo pastor y escritor.

Como ves, digamos que no tuvo muchos logros.

A pesar de su enfermedad crónica, Herbert escribió una miríada de poemas, literatura y música, además de gestionar su carrera académica y su puesto en el Parlamento. ¿Has escuchado la frase «perro que ladra no muerde»? Es una colección de dichos en inglés que él compiló, llamados *Outlandish Proverbs* [Proverbios excéntricos]. Entre esa colección de máximas reveladoras e ingeniosas, se encuentra el número 524:

Vivir bien es la mejor venganza.[1]

Lo anterior, en definitiva, suena muy parecido a estas palabras de Jesús: «El ladrón no viene sino para hurtar y matar y destruir; yo he venido para que tengan vida, y para que la tengan en abundancia» (Juan 10:10 RVR1960).

Hay algo acerca de vivir en medio de las heridas no resueltas que puede hacer que pongas tu vida en pausa. Si te ríes, si tienes una hermosa comida con tu familia, si experimentas un tiempo de alegre adoración o solo pasas una noche de descanso, casi sientes como si estuvieras traicionando tu causa. A mí me ha tomado largo tiempo darme cuenta de eso y quiero asegurarme de que tú lo entiendas: cuando no practicas «la mejor venganza», permites que la herida te robe todo otra vez.

Puedes esperar a que Dios actúe y avanzar en tu vida. Puedes mantener un estándar de justicia y reírte mucho. En medio de las heridas, en medio del agravio, mientras esperas en Dios como tu Defensor, puedes hacer algo. Puedes involucrarte en las mejores de las prácticas de Dios para vivir a plenitud.

Tu plan de acción para vivir bien incluye lo siguiente: un descanso activo, tiempo con la familia, gratitud, adoración, consejo y bendición. Pasemos tiempo en cada uno de ellos.

UN DESCANSO ACTIVO

Resulta agotador vivir después de ser lastimada. Es un cansancio que va hasta lo profundo de los tuétanos, ¿estoy en lo cierto? Durante los primeros momentos en que experimento que alguien chismea sobre mí, o me miente, o me roba algo, siento una avalancha inicial de adrenalina. La ira tiene su propia canción y, por primera vez luego de una herida, me acelero, buscando formas de enderezar las cosas, haciendo las llamadas necesarias, revisando y repitiendo la conversación en mi cabeza.

Pero después llegan las consecuencias.

¿Sabes a qué me refiero? Al punto en que la adrenalina disminuye, tu química cerebral y tu espíritu colisionan, y te encuentras sintiéndote drenada y desmoralizada.

En el pasado, permitía que mi sensación de vacío y desmoralización se volvieran algo que yo creía que era descanso, pero no lo era en realidad. Me encontraba sintiéndome adormilada a mitad del día, durmiendo siestas para alejarme de los sentimientos asquerosos que dejaba la herida. Postergaba ciertas tareas y actividades, porque mi alma se sentía demasiado sensible como para arriesgarse. Yo pensaba que me estaba cuidando, dándome «tiempo para mí misma», pero —con demasiada frecuencia— simplemente se convertía en una fatiga debilitante.

El rey David también tuvo esa sensación de debilidad del alma. Él escribió estas palabras en Salmos 69, uno de los salmos imprecatorios de los que ya hablamos, escritos específicamente en cuanto a las faltas que enfrentó, sus sentimientos al respecto y su clamor a Dios por justicia:

> Sálvame, oh Dios,
>> porque las aguas han entrado hasta el alma.
> Estoy hundido en cieno profundo,
>> donde no puedo hacer pie;
> he venido a abismos de aguas,
>> y la corriente me ha anegado.
> Cansado estoy de llamar;
>> mi garganta se ha enronquecido;
> han desfallecido mis ojos esperando a mi Dios.
> Se han aumentado más que los cabellos de mi cabeza los que
>> me aborrecen sin causa;
> se han hecho poderosos mis enemigos,
>> los que me destruyen sin tener por qué (vv. 1-4).

Observa las palabras que usó David para expresar cómo se sentía mientras esperaba la liberación de Dios. Todas ellas tienen una conexión física con lo que él estaba sintiendo emocionalmente. Él sintió como si se estuviera hundiendo: «Estoy hundido en cieno profundo». Estaba cansado: «Cansado estoy». Estaba ronco: «Mi garganta se ha enronquecido». Todo lucía oscuro: «Han desfallecido mis ojos».

Es por ello por lo que creo que el descanso activo es importante para el cuerpo y el alma. Como seguidores de Dios sabemos cuán importante es el Shabat. El Shabat es la práctica de hacer a un lado gran parte de nuestras actividades diarias y dedicar tiempo a estar con Dios y descansar. El descanso activo puede ser así cuando esperamos ver que Dios se mostrará como nuestro Defensor.

Las caminatas largas. Comer cosas que alimenten y fortalezcan tu cuerpo. Tomar baños de burbujas. Limpiar el armario que te molesta ver. Estos son ejemplos de cosas que te dan un tiempo de tranquilidad, sin aislarte ni orillarte a una situación que te meta en la cama durante días.

TIEMPO CON LA FAMILIA

Cuando estoy lidiando con una falta, ya sea que alguien esté contra mí o que haya una situación laboral en que alguien no esté actuando con ética, tiendo a aislarme. No me resulta fácil compartimentar mi dolor, de modo que me distancio como una forma de evitar que eso se extienda a mi familia.

Pero cuando lo hago, aunque tenga la motivación correcta, privo a mi esposo, a mis hijos y a mí misma de mi presencia. Lo hago también con mi familia extendida, lo cual no es útil, termina haciéndome sentir más solitaria y me cuesta tiempo preciado con la gente que más amo.

Planear y disfrutar la gran fiesta de cumpleaños de tu tía no te va a ayudar a ganar el acuerdo comercial que se fue a pique; pero te dará algo más en qué pensar. Le dará a tu enfoque un nuevo lugar para vivir y eso bendecirá a tus familiares. No te escabullas de las cenas familiares. No te pierdas la noche de cine con tus hijos. El tiempo con tu familia puede mantenerte ubicada y recordarte qué es lo más importante.

Hay un versículo bíblico en el que pienso con respecto a eso. Por lo que sabemos, Pablo le escribió dos cartas a Timoteo, cuando él estaba pastoreando la iglesia de Éfeso. Con respecto a la dinámica familiar, Pablo quería que Timoteo se asegurara de que la iglesia supiera lo siguiente: «Porque si alguno no provee para los suyos, y mayormente para los de su casa, ha negado la fe, y es peor que un incrédulo» (1 Timoteo 5:8 RVR1960). Ahora, Pablo definitivamente estaba hablando de proveer en el aspecto financiero para nuestra familia. Algunas personas de la joven iglesia de Éfeso aparentemente pensaron que la iglesia debía proveerles alguna clase de ayuda financiera, por lo que Pablo deseaba aclarar las cosas, diciendo que quienes podían trabajar, debían hacerlo; eso es parte de nuestra obediencia al seguir a Jesús. A mí me parece que proveer para nuestra familia es, sí, en parte financieramente. Pero también lo es a nivel emocional: estar juntos, dejarnos ver, estar presentes uno para el otro. Nos proveemos completamente al satisfacer las necesidades financieras, emocionales y relacionales.

Aunque no descuide a mi familia a propósito cuando estoy lastimada, puedo llegar a hacerlo, si no tengo cuidado. Tú también podrías. Permanece alerta. Mantente al tanto. Separa tiempo para estar con tu familia, con tu gente. Comprométete a hacer de eso algo más que solo incubar la situación dolorosa con la que estás lidiando. Celebra a tu gente, disfruten un tiempo de juego familiar, tengan una fiesta de baile en la cocina mientras limpian después de cenar. Ve con tu familia y deja que Dios cuide de las faltas que estás procesando.

GRATITUD

Ya sé, ya sé. Podemos crear memes bastante trillados en cuanto a que contar las bendiciones nos hace percatarnos de todo lo que tenemos. Y hay verdad en ello. Pero también hay verdad en lo que nos puede costar una injusticia. Alguien pudo haber tomado dinero tuyo por error. Quizá tu exesposo pudo costear un mejor abogado, y ahora él tiene más custodia que tú de tus hijos ¡y él es quien tuvo la aventura! Resulta difícil sacar cosas por las cuales estar agradecidas del foso de la desesperación.

Pero yo lo veo de esta manera: la forma más poderosa de agradecer no es circunstancial. Ah, normalmente practico la gratitud circunstancial. Con frecuencia, en mi tiempo a solas, cuando estoy escribiendo aquello por lo que estoy agradecida, puedo girar fácilmente a mencionar el lindo clima o el grandioso restaurante nuevo al que Abel y yo fuimos la noche anterior. Sí, debería estar agradecida por esas cosas, pero esa es gratitud circunstancial.

Mira, la clase de gratitud que nos sostiene, a pesar de las faltas y las situaciones injustas, es lo que yo llamo *gratitud deliberada*. Me refiero a lo siguiente: quiero vivir en un estado de gratitud cualquiera que sea mi situación. Fuera de todo lo demás, más allá de lo que pueda considerar una bendición en mi vida, quiero vivir con gratitud como alguien que es llamada hija de Dios, por la salvación que Él me ha dado, con una identidad y un futuro que ningún ser humano me puede quitar.

No dije que ya lo había logrado. Sé que tengo un largo camino por delante.

Tengo un grandioso mentor en el apóstol Pablo. Él dijo:

«No que haya pasado necesidad alguna vez, porque he aprendido a estar contento con lo que tengo. Sé vivir con casi nada o con todo lo necesario. He aprendido el secreto de vivir en cualquier situación, sea con el estómago lleno o vacío, con mucho o con poco. Pues todo lo puedo hacer por medio de Cristo, quien me da las fuerzas». (Filipenses 4:11-13 NTV)

Me parece muy interesante que las palabras de Pablo, «todo lo puedo hacer por medio de Cristo, que me da fuerzas», le siga a una lista de situaciones, todas las circunstancias en las que él se encontró, que completaron su pronóstico. Hambriento o saciado, con dinero en abundancia o en la quiebra, Pablo se percató de que podía arreglárselas con poder, porque Jesús le daba la fuerza para hacerlo. Pablo vivió en un estado de *gratitud deliberada* y, al hacerlo, vivió la mejor venganza contra sus enemigos, porque estaba viviendo bien.

De manera que, sí, haz una lista de cosas por las que estés agradecida, aun en medio de las pérdidas injustas. Esos marcadores son útiles cuando la vida parece ser abrumadora y parcial. Y extiende esa gratitud más allá, hacia otras áreas de tu vida, para verlas florecer.

LA ADORACIÓN

¿Puedo serte sincera? A veces, cuando hay algo en mi contra que está lastimando mucho mi corazón, parece que quiero evitar la música de alabanza y adoración. Ahora, sé que eso no tiene sentido, ya que amo a Dios con todo mi corazón y mi alma. Permíteme explicar.

Cuando adoro, ya sea a solas o en un servicio dominical de la iglesia, me siento mejor inmediatamente. Todo se ilumina. La esperanza inunda mi corazón. Ahora mismo, estoy escuchando una y otra vez la canción, «Surrounded (Fight My Battles)», de UPPERROOM.

Y no dejemos de adorar con los demás. Escuchar la unidad de todas esas voces, todos adorando juntos a Dios y creyéndole en las cosas grandes, es una de las experiencias más poderosas que conozco que me recuerdan que no estoy sola. Soy parte de la familia de los hijos de Dios, y la Palabra de Dios nos dice que nuestras oraciones y nuestra adoración son poderosas.

¿Por qué no correr directamente a la adoración en los tiempos difíciles? Es una grandiosa pregunta. Esto es lo que creo que he descubierto —y tal vez también sea cierto en tu caso—: a veces quiero sumergirme en la tristeza durante un largo tiempo, pero sé que si comienzo a adorar, voy a salir de esa inmersión mucho antes. A veces se siente bien sentirse mal.

Por favor, dime que no soy la única.

Quiero desafiarte en lo siguiente: cuando esos sentimientos te rodeen, pon música de alabanza.

Escucha, todas las mejores películas tienen grandiosas bandas sonoras, ¿cierto? Parte de lo que hace que una historia sea poderosa es la música que le asignan. Haz de tu vida una banda sonora. Incluye canciones acerca de la grandeza de Dios, de cómo Dios te defiende y te levanta, de que Él es el Padre que ama a sus hijos. Luego, tócala una y otra vez. Escúchala en tus trayectos. Colócala en tus audífonos y escúchala un rato mientras trabajas en tu casa. Ponla en las bocinas de tu casa, de modo que esas palabras de vida fluyan también hacia tu familia. La música no es el único medio para adorar, pero es uno muy poderoso. La música derribó los muros de Jericó (Josué 6). Los adoradores salieron al frente del ejército, en 2 Crónicas 20, con el fin de preparar el camino para la victoria. La adoración trae la gloria de Dios y la vida a mi corazón, y es un arma contra las asechanzas del enemigo.

EL CONSEJO

A lo largo de las Escrituras veo gente que buscó, empleó y se involucró activamente con consejeros confiables que los ayudaron a procesar sus desafíos. Moisés tuvo a su suegro, Jetro, que lo ayudó a lidiar con el estrés de supervisar la nación de Israel y le dio consejos prácticos que le permitieron caminar en una manera más capaz y saludable en su llamado. Éxodo 18 proporciona un recuento completo de la sesión entre Moisés y Jetro. Hay tres cosas que me parecen sobresalientes. La primera es la poderosa pregunta que Jetro le hizo a Moisés: «¿Qué logras en realidad sentado aquí?» (Éxodo 18:14 NTV).

Hermana, por favor, escúchame: debe haber personas en tu círculo que sean lo suficientemente valientes y sabias como para hacerte la misma pregunta. Hay ocasiones en que he permitido que mis sentimientos y las situaciones se conviertan en mi obsesión. Estoy agradecida por los sabios terapeutas cristianos que me han preguntado lo que preguntó Jetro: ¿De qué te está sirviendo esta emoción? ¿En qué está mejorando tu vida el que te enfoques en esperar la venganza? ¿Cómo estás cumpliendo la meta de acercarte más a Dios en todo esto?

A veces, como lo fue en la vida de Moisés, puede haber un familiar que haga eso por ti. Pero con frecuencia, alguien fuera de la situación, alguien más capacitado y calificado para ayudar a la gente a pasar por los traumas es la persona que necesitas involucrar. Aunque Jetro era suegro de Moisés, ninguno de los dos tuvieron cercanía una vez que Moisés comenzó a dirigir a los israelitas. Jetro llegó a la ciudad a visitar a Moisés cuando tuvieron la sesión de consejería registrada en Éxodo 18. Es importante observar que este grado de separación le dio a Jetro revelación y una mejor perspectiva de cómo estaba Moisés.

«Así acabarás agotado», le dijo Jetro a Moisés (Éxodo 18:18 NTV). Después de que desafiara a Moisés a identificar por qué estaba viviendo de esa manera, sujetándose a la frustración y a las situaciones abrumadoras, Jetro pudo ayudarlo a ver de qué forma esta situación le estaba robando la vida abundante.

«Ahora escúchame y déjame darte un consejo, y que Dios esté contigo» (Éxodo 18:19 NTV). Y aquí está lo importante: para que funcione el consejo, tenemos que tomarlo. Tenemos que implementarlo. Tenemos que recibirlo. No nos hace ningún bien dedicar tiempo a ir con un consejero o a encontrarnos con un mentor confiable, si todo lo que haremos será discutir por qué la perspectiva que sugiere no podrá funcionar. Ya sé, ya sé. Yo sé que tu situación es única. Tu herida y la justicia que quieres ver son originales. Pero hay preceptos poderosos que pueden ponerse en práctica en cualquiera cosa que estés enfrentando. La disposición y la humildad de permitir que una persona de confianza hable en esa situación producirá un gran valor mientras esperas en Dios como tu Defensor.

LA BENDICIÓN

Cuando estaba por terminar la secundaria y empezar la preparatoria, además de ser obesa y vestir ropa de tiendas de segunda mano, comenzó a aparecerme el salpullido más extraño. Tenía los brazos inflamados y llenos de manchas rojas. El salpullido me ardía con locura, por lo que no podía evitar rascarme, lo cual, además, me dejaba más enfadada y llorosa. Cuanto peor lucía, más cohibida me sentía al respecto. Ya estaba vistiéndome con enormes camisetas y escondiendo mi gran figura debajo de varias capas de ropa; pero ese extraño salpullido empeoraba cada vez más, por lo que comencé a ponerme suéteres todo el tiempo para cubrir todo. Ahora, para una niña que vivía en el sur de California, el disfraz del suéter no siempre era lo más cómodo ni práctico. Cuando las temperaturas llegaban a los treinta y cinco grados centígrados, resultaba completamente miserable tener comezón y calor a la misma vez.

En un día caluroso en particular, me quité el suéter para tener un poco de alivio, lo cual me dejó con solo una playera extragrande de manga corta. Pensé que mis brazos no lucían mal ese día y estaba pensando si soportar el calor, con la cara roja como betabel, o ponerme un poco más cómoda, aunque con los brazos con los salpullidos expuestos. Pensé que quitarme un rato el suéter mientras me encontraba en la fila del almuerzo sería lo más fácil. Podría voltear el antebrazo hacia arriba mientras cargaba la bandeja del almuerzo y luego —una vez sentada— mantener el brazo escondido debajo de la mesa de la cafetería, mover rápidamente la mano para comer un bocado de comida, y entonces ocultar ese brazo debajo de la mesa. *Buen plan*, me felicité.

Pero el plan se arruinó rápidamente.

Algunas chicas comenzaron a burlarse del salpullido de mis brazos. Eso comenzó sutilmente, pero se intensificó muy rápido, por lo que empezaron a señalarme y a gritarme.

No sé si alguna vez me he sentido tan desnuda.

El suéter volvió a su sitio y me quedé ahí.

Pero había un lugar donde no podía esconderme: la cancha de vóleibol. Yo era parte del equipo de vóleibol y me encantaba jugar. Me encantaba la estrategia. Me gustaba que tienes que permanecer mentalmente en el juego; tienes que fijar tus ojos no solamente en donde se encuentra la pelota, sino hacia donde podría dirigirse. Mi cerebro ocupado con la constante descarga de pensamientos, preocupaciones y reprimendas propias, se acallaba más cuando me encontraba en la cancha de vóleibol y con el uniforme de juego. La camiseta tipo chaleco no era amiga para una chica adolescente cohibida con un salpullido en los brazos.

Había una chica en mi equipo a quien yo admiraba mucho. Era hermosa, pequeñita, pero poderosa en la cancha. Era una de esas atletas que combinaba una grandiosa ética laboral con un atletismo natural. Comparada con las complexiones más altas de las demás jugadoras, ella lucía pequeña, y estoy segura de que los equipos contrarios no pensaban que era una amenaza, en absoluto. Pero una vez que el primer saque pasaba por la red, ella se convertía en un arma. Ella, simplemente, sabía hacia dónde se dirigía la pelota. Su salto vertical era impresionante y podía clavar la pelota en la cancha de los contrarios con una fuerza sísmica. Yo la admiraba mucho por su fuerza y su energía. En la temporada anterior no nos habíamos hecho amigas cercanas, pero estaba esperando conocerla mejor.

Cuando nos reunimos para la nueva temporada de vóleibol, yo estaba más pesada que nunca y mi salpullido era particularmente grave. Todavía no había comprado las rodilleras que requería nuestro equipo; por lo que, en la última temporada las chicas —riéndose— me dijeron que me comprarían unas, ya que mis papás no podían costearlas. Nada de eso afectó mi habilidad en el vóleibol, pero me dirigí a la primera práctica sintiéndome muy cohibida. Y hacía calor. No había manera de poder quedarme con mi confiable suéter puesto en esa cancha; me habría desmayado por el calor. De forma que me coloqué el uniforme sin manga del equipo, junto con los pantalones cortos de práctica. Todos los problemas de la piel y el peso poco saludable estaban a la vista de mis compañeras de equipo.

Me dirigí a la reunión de equipo para el calentamiento. Y esa chica, la atleta que yo admiraba, me miró con ojos de disgusto. «Rosie —dijo, con un tono de repulsión—, ¿cómo permitiste que eso te sucediera?». Ella dio un paso hacia atrás, inspeccionándome toda y negando con la cabeza. Ahí se quedó, en toda su pequeña, hermosa, musculosa y esculpida gloria, juzgando la expansión y la condición de mi piel estampada en su hermoso rostro.

Hasta ese momento no sabía que fuera posible que me sintiera peor conmigo misma. Pero cuando alguien que admiras y respetas solamente te muestra desilusión y disgusto, eso te derrumba todavía más.

Esas experiencias —el ridículo en la fila del almuerzo y la vergüenza de la cancha de vóleibol— permanecieron grabadas en mi corazón algunos años. Durante mucho tiempo, mientras continuaba por el camino autodestructivo comiendo demasiado, nutriéndome muy poco y saliendo de fiesta, esos momentos aparecían una y otra vez en mi mente. Las voces de esas chicas en mi cabeza con frecuencia dominaban mi propia voz. Sé que a veces queremos reírnos o subestimar la influencia de un momento mezquino con chicas malas, pero es peligroso, y los efectos pueden durar largo tiempo.

Algunos años más tarde, Dios ya había traído bastante sanidad a mi vida. Él me había ayudado a vencer los hábitos alimenticios autodestructivos y me había llevado a perder cuarenta y cinco kilos. El salpullido de mis brazos que me había fastidiado durante años había desaparecido. Yo era definitivamente una flor tardía, pero finalmente florecí. Estaba cómoda en mi propia piel, por lo que disfrutaba arreglarme y jugar con diferentes estilos de maquillaje.

Y luego sucedió algo.

Me encontré con esas chicas, la que pensé que era mi amiga —que se burlaba de mí en el almuerzo— y mi compañera de equipo de vóleibol, que había hecho comentarios en público de mi apariencia física. El asunto es este: en los años que habían pasado desde que salí de la escuela, a ninguna de las dos les fue bien. Ambas estaban luchando con el sobrepeso y los cambios físicos.

Me sentí tentada. De veras. Una parte de mi corazón se sentía muy recompensada, muy victoriosa. Aunque quería pensar que ya había perdonado gran parte de la herida de mi pasado, sentía algo al ver a ambas mujeres en sus condiciones actuales que me hizo percatarme de que continuaba habiendo rencor en mi corazón. Sentí un destello de arrogancia en todo mi espíritu. Sentí un tirón de satisfacción en mi diálogo interno. Casi parecía como si yo estuviera obteniendo justicia por todas las cosas malvadas que habían dicho. Todo aquello de lo que se habían burlado de mí era un problema con el que estaban lidiando. En mi mente se desbordaba toda clase de cosas que podía decir. Podría haberles «dicho sus verdades», lo cual es una forma mexicana de decir que le regresas el insulto.

No lo hice. Dios me ha mostrado una y otra vez que, aunque la gente haya sido malvada conmigo, Él también los ama. Él no quiere que yo sea malvada con nadie. Él lidiará con esas personas.

Fue entonces que Dios me enseñó otra hermosa lección.

Parte de vivir bien como la mejor forma de venganza es comprender que lo que dices y haces puede regresar a ti. Dios estaba permitiéndome ver la venganza de lo que ellas habían hecho, pero también me estaba enseñando algo muy importante: nuestras palabras valen.

Sentí que Él me dijo: *Con tu lengua bendices o maldices. Cuando alguien te maldice, yo obro por ti. Ellas te molestaban por tu condición física, pero tú decidiste disciplinarte para cuidar tu cuerpo y bendecirlo. Ellas te molestaban por ser pobre, pero tú decidiste trabajar duro y yo te bendije.*

Mira, a veces la mejor venganza que Dios puede darte es bendecir tu vida. Él ni siquiera tiene que hacerle nada a la gente; solamente permite que se coman sus palabras.

Así decimos cuando alguien tiene que pasar por lo que dijeron, ¿no es así? El familiar que te dijo que nunca lograrías nada y ahora Dios te ha abierto una puerta de oportunidad, y esa persona se tiene que comer sus palabras.

Sentía curiosidad por saber de dónde había surgido ese dicho. Hay toda clase de variaciones de esta frase: *tragarse sus palabras, tómate esto, la cura de la humildad, morder el polvo, meterse cura.* Pero todas ellas significan lo mismo: lo que sacamos en nuestras palabras regresa para mordernos. Al hacer una breve investigación en la red de dónde se originaron esas frases, descubrí que Juan Calvino fue quien inventó la frase: *comerse sus propias palabras.* Juan Calvino fue el vehemente abogado, ministro francés y una figura importante en la Reforma del siglo dieciséis. Era controvertido, apasionado y posiblemente reconozcas su legado en la actualidad, ya que quienes se adhieren a su perspectiva del cristianismo se llaman calvinistas. El dicho de comerse sus propias palabras proviene del tratado religioso que escribió sobre Salmos 62.[2] Y en este salmo encontramos estas increíbles palabras:

> Una vez habló Dios,
>> dos veces he oído esto:
> Que de Dios es el poder,
>> y tuya, oh Señor, es la misericordia;

porque tú pagas a cada uno

conforme a su obra (vv. 11-12 RVR1960)

En su tratado, Calvino deseaba aclarar que lo que Dios habla es verdadero y absoluto. En la misma Biblia donde Dios habla de su poder y de su eterno amor, también se encuentra la palabra que da sobre pagarle a la gente conforme a lo que ha hecho. Dios no tiene que comerse sus palabras, porque Él nunca falta a ellas. Cuando bendecimos a los demás, cuando perdonamos, cuando dejamos que Dios sea nuestro Defensor, eso viene de vuelta a nosotras para bendecirnos. No tenemos que probar el bocado amargo de sus represalias.

Durante largo tiempo me decía a mí misma los mensajes que las chicas malvadas me decían. Repetía sobre la blanda tierra de mi tierno corazón las mismas palabras que ellas habían dicho: *soy gorda. Soy muy rara y tengo un salpullido asqueroso. Mi familia no puede permitirse nada.*

Pero en su paciencia, Dios me llevó a comenzar a hablar mensajes nuevos sobre mi vida y a dejar de maldecirme. Me enseñó que podía cambiar los patrones alimenticios que estaban poniendo en riesgo mi salud, al declarar su Palabra: *Dios me ha dado un espíritu «de poder, de amor y de dominio propio»* (2 Timoteo 1:7). Me ayudó a liberarme de la mentalidad de insuficiencia y a reclamar su provisión: *Dios provee todas mis necesidades (¡y en ocasiones mis deseos!)* (Filipenses 4:19). Me mostró cómo hablar y vivir abundantemente, en lugar de declarar más heridas sobre mi vida.

Aférrate a estos versículos:

«El que quiere amar la vida

y ver días buenos,

refrene su lengua de mal,

y sus labios no hablen engaño». (1 Pedro 3:10 RVR1960)

«No lo que entra en la boca contamina al hombre; mas lo que sale de la boca, esto contamina al hombre». (Mateo 15:11 RVR1960)

Decláralo cuando tengas que practicar la mejor venganza al vivir bien.

No quiero olvidar decirte lo siguiente: ¿Recuerdas cómo aquellas chicas se burlaban de mi apariencia y de la condición de mi piel? Ahora recibo extraordinarios obsequios de diferentes lociones y ungüentos todo el tiempo, debido a mi trabajo en la industria de la belleza. Es un pequeño recordatorio encantador de que Dios vio mis lágrimas todos esos años y ahora me recuerda que Él es por mí, Él me ve y me ama.

Ahora, cuando la gente se burla de mí, solo me preparo para ver a Dios moverse a favor de mi vida. Cualquiera sea la forma en que Él desee tratar con esa gente, he aprendido que hay una gran bendición al permitir que Dios se ocupe entre ellos y Él. Lo que ahora espero es ver la manera en que Él me hará bien. En ocasiones es en forma de muchas cremas divertidas para la piel. A veces es en paz. Otras veces es al permitirme ver cómo termina la historia.

Proverbios 25:21-22 (RVR1960) dice:

Si el que te aborrece tuviere hambre, dale de comer pan,
　　y si tuviere sed, dale de beber agua;
porque ascuas amontonarás sobre su cabeza,
　　y Jehová te lo pagará.

Sí. Así es. Continúa practicando los ritmos del descanso activo: tiempo con la familia, gratitud y adoración. Busca el consejo recto. Sé intencional en lo que declaras con tu boca. Habla bendición. Niégate a pronunciar palabras hirientes sobre aquellos que te han lastimado. Responde de la manera contraria a la que te han lesionado. Eso producirá vida. Producirá recompensa; y la recompensa y el favor de Dios sobre tu vida son la venganza suprema. Vive bien.

ANTES DE AVANZAR

1. ¿Cómo te estás cuidando deliberadamente mientras lidias con la herida que has experimentado?

2. ¿En dónde ha estado el riesgo de permitir que la herida que sufriste te robe más gozo? ¿Ha sido un obstáculo en tus relaciones amistosas y familiares?

3. ¿Qué pequeño paso podrías dar hoy para recuperar parte de la abundancia por la que Jesús murió para darte?

diez

EL SUPREMO DEFENSOR

HEMOS VIAJADO POR ALGUNOS LUGARES DIFÍCILES hasta llegar aquí, pero así es como experimentamos lo que significa que Dios sea nuestro Defensor. Hemos pasado por los lugares en que es fácil atorarse. Hemos atravesado sitios en que podríamos justificar nuestra estadía. Ahora, habiendo procesado nuestras agendas y enfrentado algunas cosas que quizá no habíamos enfrentado antes, estamos listas para ver la gloria de Dios como Defensor.

Para ser claras, hay ocasiones en las que Dios se presenta como Defensor en una forma fabulosa. Es como algo salido de una película, con los malos recibiendo su merecido, con conmoción y asombro, con una clara demostración de lo que se ve, se siente y luce como justicia, como cuando una reina malvada se precipita hacia su muerte.

De todos los «villanos» de la Biblia, Jezabel es clasificada como una de las peores. Ella arregló los asesinatos de muchos sacerdotes e insistió en que la gente se inclinara ante los ídolos. Ella amenazó, intimidó a la gente y usó su poder —y su puesto— para manipular y asesinar con arrojo. Y después de toda esa violencia, tuvo el fin que se merecía. Un nuevo rey, Jehú, fue ungido para dirigir a Israel, y este comenzó a desarraigar las influencias malignas que habían alejado de Dios al corazón de la gente. Un día, llegó a la casa donde Jezabel se estaba quedando y la llamó a la ventana.

Segundo de Reyes 9:30-35 (RVR1960) dice:

Vino después Jehú a Jezreel; y cuando Jezabel lo oyó, se pintó los ojos con antimonio, y atavió su cabeza, y se asomó a una ventana. Y cuando entraba Jehú por la puerta, ella dijo: ¿Sucedió bien a Zimri, que mató a su señor? Alzando él entonces su rostro hacia la ventana, dijo: ¿Quién está conmigo? ¿quién? Y se inclinaron hacia él dos o tres eunucos. Y él les dijo: Echadla abajo. Y ellos la echaron; y parte de su sangre salpicó en la pared, y en los caballos; y él la atropelló. Entró luego, y después que comió y bebió, dijo: Id ahora a ver a aquella maldita, y sepultadla, pues es hija de rey. Pero cuando fueron para sepultarla, no hallaron de ella más que la calavera, y los pies, y las palmas de las manos.

Los mismos siervos de la reina la traicionaron. Las Escrituras revelan más adelante que los perros devoraron sus restos. Es sangriento, gráfico y parece ser el resultado justo para alguien que tuvo una vida tan sangrienta y gráfica.

Pero tú y yo hemos estado en este mundo lo suficiente como para saber que los finales de las historias como esa no siempre terminan tan apropiadamente.

Para invitar a que Dios sea nuestro Defensor, hay algunas verdades que debemos aceptar. Algunas de ellas no serán fáciles de admitir. Otras no satisfarán inmediatamente nuestro deseo de retribución como lo imaginamos. Sin embargo, los caminos de Dios siempre serán para nuestro bien supremo.

Cuando Él es nuestro Defensor...

DIOS NOS DEFENDERÁ A SU MODO

Me gusta la frase: *la pena debe ser proporcional al delito*. Es un pilar de muchos sistemas legales en naciones de todo el mundo. Las sociedades han determinado que, si alguien comete *esto*, el precio que debe pagar es *este*. El concepto proviene de una frase latina antigua —*Culpae poena par esto*— que describe cómo evaluamos la severidad de diversas faltas y decidimos imponer el castigo por las mismas.

Yo tengo mi propia lista mental de *culpae poena par esto*. Si la gente chismea injustamente de mí, tengo una opinión de cómo debe pagar. Si alguien lastima a una persona que amo, tengo una pena en mente que creo que se adapta a lo que ha hecho el perpetrador. Y debido a que tengo mi propio sentido del castigo que es proporcional a la pena, poseo una expectativa específica de lo que Dios debería hacer para mostrarse como mi Defensor en su manera de lidiar con quienes me han lastimado.

Dios, sin embargo, no solamente es defensor de la rectitud y la justicia, Él también es la justicia misma. Y es el Juez, lo cual significa que elabora sus propias reglas.

En un juzgado, el juez escucha ambas partes del caso. Los programas y las películas estadounidenses sobre leyes normalmente muestran un juicio ante un jurado. Ese es uno de los principios del sistema jurídico estadounidense, en que el acusado tiene derecho a tener audiencias frente a un grupo de iguales, y ese juez emite un juicio.

No obstante, hay otro tipo de juicio que no siempre obtiene la misma clase de representación teatral: un juicio sin jurado. En un juicio sin jurado, el juez no solamente escucha el caso, también determina lo que se conoce como su «fallo», lo cual es otra manera de decir «veredicto».

Yo he cometido el error, y quizá tú también, de pensar que Dios preside un juicio con jurado. Yo quiero ser la fiscal, que le presenta la evidencia de que alguien me ha lastimado. También quiero ser miembro del jurado, uno que puede decidir el veredicto y tiene voz en cuanto a la pena proporcional al delito.

Sin embargo, a partir de lo que puedo ver en las Escrituras, Dios es el único juez sin jurado. Él no permitirá que un grupo de seres humanos bienintencionados, pero motivados por un plan, dicten el resultado de los casos que le son presentados. Él nos escucha cuando le hablamos de las heridas y las faltas que experimentamos. Eso le interesa profundamente. Pero cuando Dios es nuestro Defensor, eso también significa que Él es el Juez del caso. Y su versión de *culpae poena par esto* puede ser muy diferente a la tuya y la mía.

Él es el Dios que recibió en el paraíso al criminal que fue colgado en la cruz junto a Jesús, un hombre culpable de sus delitos, quien no tenía oportunidad alguna de enmendar las cosas. En ese juicio sin jurado, Dios le dio gracia a ese criminal (Lucas 23:32-43). Él es el Dios que eliminó a dos seguidores tempranos de la iglesia, Ananías y Safira, por mentir acerca del dinero que en realidad le habían dado a la iglesia por la ganancia de la venta de una tierra (Hechos 5).

Ahora, tengo que ser sincera. Tal parece que Dios fue muy tenue con el criminal crucificado. Aunque muy estricto con los que mintieron con la venta de su propiedad. Tradicionalmente, cuando hablamos del criminal de la cruz, nos referimos a él como ladrón, lo cual suena a carterista o a un ladrón de tiendas. Pero la palabra griega usada para describir a los hombres que colgaron a ambos lados de Jesús en la ejecución era *kakourgos*. Esa palabra insinúa que sus delitos eran malignos. De manera que es posible que Dios hiciera un veredicto para el criminal de la cruz que podría no satisfacer nuestro concepto de castigo. Si supiéramos los detalles de los delitos de ese hombre, incluso podríamos decir que —con respecto a la eternidad— él se salió con la suya.

Y cuando miramos el caso de Ananías y Safira, en Hechos 5, la muerte inmediata por reducir la cantidad de dinero ofrendada parece un poco... eh... sorprendente.

Pero esa es la realidad de Dios como nuestro Defensor. Él decide qué pena es proporcional a qué delito y tiene sus razones. Clamar a Dios como tu Defensor es abandonar lo que piensas de la pena apropiada y confiar en la manera en que Él se encargará de ella.

DIOS NOS DEFENDERÁ A SU TIEMPO

Me gusta todo lo que tiene que ver con la justicia inmediata. En la universidad estudié criminología y más tarde me cambié a la facultad de derecho. Siempre me emocionaba cuando leía de un caso en que se reunía rápidamente la evidencia, el sospechoso era aprehendido rápidamente, el jurado se elegía prontamente y se emitía el veredicto con rapidez. Eso hacía que el sistema judicial pareciera eficiente y confiable, y satisfacía mi necesidad de ver las cosas terminadas de manera aparentemente justa.

A veces la defensa de Dios es rápida. En ocasiones no lo es, de acuerdo con nuestra perspectiva. Eso no significa que no esté trabajando tras bambalinas para reivindicarnos en maneras que todavía no logramos ver.

Pasaron varios años hasta que a la persona que abusó de mí, en mi infancia, la llevaron a la justicia. Estuvo fugitivo durante nueve años, intentando evitar el arresto. Pero cuando sucedió, fue rápido. Fue decisivo. Para cuando el caso fue al tribunal en 2007, había pasado dieciocho años desde que abusó de mí por primera vez. Para entonces, las leyes y la pena de cárcel para casos de abuso sexual infantil se habían vuelto más severas. Las penas eran más duras.[1] Y yo me encontraba en un momento de mi vida en que pude testificar en una manera mucho más poderosa de lo que habría podido hacerlo años antes.

¿Algo de eso explica por qué tomó tanto tiempo? Quizá. Tal vez no. Yo no sé si eso, en algún momento de mi vida, tendrá sentido.

David escribió un salmo acerca del desafío de confiar en el tiempo de Dios como tu Defensor. Algunos teólogos piensan que el Salmo 13 fue escrito cuando David agonizaba por la traición que le hizo su hijo Absalón. Absalón tomó el reino de su padre por medio de una revuelta e incluso durmió en público con las concubinas de su padre como una señal de irreverencia. Pero la política y las aventuras sexuales de Absalón no fueron lo único hiriente. La propia vida de David estaba en peligro, por lo que David y un puñado de amigos fieles tuvieron que esconderse de Absalón y su ejército. Otros teólogos dicen que no es posible precisar el momento de la vida de David en que escribió el Salmo 13, pero una cosa es clara: David estaba luchando con el tiempo en que Dios vendría en su defensa.

> ¿Hasta cuándo, Jehová? ¿Me olvidarás para siempre?
>   ¿Hasta cuándo esconderás tu rostro de mí?
> ¿Hasta cuándo pondré consejos en mi alma,
>   con tristezas en mi corazón cada día?
>   ¿Hasta cuándo será enaltecido mi enemigo sobre mí?
>
> Mira, respóndeme, oh Jehová Dios mío;
>   alumbra mis ojos, para que no duerma de muerte;
> para que no diga mi enemigo: Lo vencí.
>   Mis enemigos se alegrarían, si yo resbalara.
>
> Mas yo en tu misericordia he confiado;
>   mi corazón se alegrará en tu salvación.
> Cantaré a Jehová,
>   porque me ha hecho bien (vv. 1-6 RVR1960).

¿Las contaste? Cuatro veces. Cuatro veces en unos cuantos versículos, David pregunta: «¿Hasta cuándo?». Esos «hasta cuándo» señalan lugares estratégicos en los que he luchado con el tiempo de Dios en mi propia vida.

«¿Hasta cuándo, Señor? ¿Me olvidarás para siempre?».
¿Me olvidarás para siempre? ¿Harás algo? ¿Puedes mostrarme que estás aquí?

«¿Hasta cuándo esconderás tu rostro de mí?».

Dios, ¿te estás escondiendo de mí? ¿Te das cuenta de lo que está sucediendo aquí? ¿Estás escuchando?

«¿Hasta cuándo pondré consejos en mi alma, con tristezas en mi corazón cada día?».
¿Cuánto tiempo dará vueltas en mi corazón y en mi mente esta situación una y otra vez?

«¿Hasta cuándo será enaltecido mi enemigo sobre mí?».
¿Cuánto tiempo permitirás que esta persona me lastime, piense que ha ganado y continúe su batalla contra mí?

Todas estas son preguntas válidas, preguntas que creo que Dios comprende, ya que las incluye en su Santa Palabra. Pero, por favor, piensa en esto: yo he luchado con Dios con estas preguntas. Él es suficientemente grande para soportarlo. Y me ha mostrado algo grandioso en el camino: la respuesta a cada una de estas preguntas es: Yo estoy aquí.

¿Me olvidarás para siempre?
Yo estoy aquí.

¿Esconderás tu rostro de mí?
Yo estoy aquí.

¿Cuánto tiempo lucharé con esto?
Yo estoy aquí.

¿Hasta cuándo será enaltecido mi enemigo sobre mí?
Yo estoy aquí.

Dios me dio una visión clara y específica de que ha estado conmigo cuando he pasado por las más dolorosas situaciones de mi vida. En medio de algunas de las vicisitudes más horribles que me han sucedido, Él me estuvo acurrucando en su regazo. Cristo me cubría con sus vestiduras, aunque la situación a mi alrededor fuera desastrosa. En ese momento, Él ya estaba planeando mi vindicación.

Esta respuesta no contestará por completo todas las preguntas de tu corazón. No arreglará todo con un lazo perfecto. Pero cuando tu corazón clame: «¿Hasta cuándo?» —y clamará—, escucha su misteriosa y poderosa respuesta.

Yo estoy aquí.

Hay un pasaje escrito en el Nuevo Testamento para abordar la pregunta humana sobre el tiempo de Dios y la incredulidad de que actúe. Pedro les recordó a sus lectores:

«Y ahora, por esa misma palabra, el cielo y la tierra están guardados para el fuego, reservados para el día del juicio y de la destrucción de los impíos. Pero no olviden, queridos hermanos, que para el Señor un día es como mil años, y mil años como un día». (2 Pedro 3:7-8 NVI)

Pedro no fue el único que nos proporcionó una revelación en cuanto a cómo funciona el tiempo de Dios. El Salmo 90 se le atribuye a Moisés, lo cual significa que es uno de los salmos más antiguos escritos. Moisés escribió: «Porque mil años delante de tus ojos son como el día de ayer, que pasó, y como una de las vigilias de la noche» (v. 4). Esto me dice que, si quiero aceptar la rectitud y la justicia de Dios, al mismo tiempo tengo que aceptar su tiempo para mi defensa, el cual puede ser muy diferente al mío.

Yo estoy aquí.

LA MISERICORDIA DE DIOS TAMBIÉN SE EXTIENDE A QUIENES TE HAN LASTIMADO

Estoy muy agradecida por la misericordia de Dios. La necesito. Confío en ella.

En ocasiones hablamos de la gracia y la misericordia como si fueran lo mismo o fueran intercambiables. Pero he escuchado la enseñanza —y creo que es verdad— de que la gracia y la misericordia son separadas y distintas. Una de las explicaciones más simples que he escuchado de la diferencia es la siguiente: la gracia es Dios dándonos un favor que no merecemos, mientras que su misericordia es retener el castigo que sí merecemos.

Créeme, he hecho muchas cosas por las cuales merecía absolutamente cualquier castigo que me viniera. La misericordia de Dios me ha salvado de ese castigo en numerosas ocasiones.

La misericordia asombrosa, misteriosa y necesaria de Dios es uno de los aspectos suyos que me parecen más extraordinarios. Daniel 9:9 (RVR1960) lo explica de esta manera: «De Jehová nuestro Dios es el tener misericordia y el perdonar, aunque contra él nos hemos rebelado». Cuando considero los años que viví en rebeldía a su llamado a la rectitud, y en las maneras en que continúo fallando, veo que su misericordia se ha interpuesto entre mi autodestrucción y yo. Esta descripción de nuestro misericordioso Dios me parece poderosa:

> ¿Qué Dios como tú,
>> que perdona la maldad,
>> y olvida el pecado del remanente de su heredad?
> No retuvo para siempre su enojo,
>> porque se deleita en misericordia.
> Él volverá a tener misericordia de nosotros;
>> sepultará nuestras iniquidades,

y echará en lo profundo del mar todos nuestros pecados
(Miqueas 7:18-19 RVR1960)

Amar la misericordia de Dios también desvela una manera nueva de mirar su papel como mi Defensor, porque esto es lo que siempre he sabido de Él: Dios está involucrado en el negocio de salvar a la gente. Lo cual significa que Él es Dios, el Defensor misericordioso.

Piénsalo. No mires el enunciado solamente de reojo. Cuando realmente reflexionamos en ello, cuando comprendemos que salvar a la gente siempre es la motivación de Dios, la conversación cambia.

El apóstol Pedro escribió acerca de esta importante faceta de Dios:

«No es que el Señor se tarde en cumplir lo que prometió como piensa la gente. Lo que pasa es que Dios es paciente porque no quiere que nadie sea destruido, sino que todos cambien su vida y dejen de pecar» (2 Pedro 3:9 PDT).

Ese es nuestro Dios, el Padre que desea que todos tengan una oportunidad de cambiar su manera de vivir y se vuelvan a Él.

Se me hace un nudo en la garganta.

Nos encanta amar a un Dios misericordioso cuando esa misericordia nos es extendida. Luchamos con un Dios misericordioso que le extiende misericordia a la gente que creemos que está equivocada.

Pero si yo quiero misericordia para mí, entonces tengo que aceptar que quienes me han lastimado, también pueden recibir la misericordia de Dios. Esa no es una injusticia de su parte. No es minimizar lo que me ha sucedido. Es algo fiel a lo que Él es.

La Biblia nos ofrece una hermosa promesa si estamos dispuestas a alinearnos con nuestro Dios de justicia y misericordia. «Con el misericordioso —dice la Escritura— te mostrarás misericordioso» (2 Samuel 22:26). Yo quiero mostrarles a los demás la clase de misericordia que quiero que me muestren a mí. Mi ansiedad por experimentar la revancha no siempre será satisfecha, pero mi necesidad de auténtica misericordia sí será retribuida.

PODEMOS VER LA DEFENSA DE DIOS

A veces la vemos. Moisés pudo ver que el Mar Rojo se tragaba al ejército del faraón. Los israelitas pudieron ver a David, como el agente de la venganza de Dios, derribando al gigante insolente. Gedeón pudo ver a Dios ejecutar una milagrosa victoria sobre los madianitas. Dios podría intervenir en el tiempo que esperabas y enderezar drásticamente la falta. Si te sucede eso, quiero que te goces. Yo me gocé cuando el hombre que fue mi abusador recibió su sentencia, porque eso significaba que algunas víctimas potenciales ahora están a salvo.

Pero el Espíritu Santo tuvo que cuidar que yo no me regodeara. Regodearse es tener una sensación de «satisfacción maliciosa, y meditar con placer en algo que satisface una pasión maligna».[2] En mi caso, esa «pasión maligna» pudo haber sido la revancha. Pero la Palabra de Dios es clara sobre lo que debemos ser y cómo debemos actuar cuando vemos que su justicia se levanta contra aquellos que han pecado contra nosotros. Proverbios 24:17-18 (RVR1960) dice:

> Cuando cayere tu enemigo,
>> no te regocijes,
>> y cuando tropezare,
>> no se alegre tu corazón;
> no sea que Jehová lo mire, y le desagrade,
>> y aparte de sobre él su enojo.

No descartes la consecuencia que el Señor pudo haber impuesto delante de ti para que la vea al rendirte a una satisfactoria sensación de venganza. Mantén la justicia que Dios ha ganado por ti, gozándote en su justicia y su fidelidad, en lugar de alardear por las consecuencias que sufren quienes te han lastimado. Glorifica a tu Dios, no te regocijes.

ES PROBABLE QUE NO VEAMOS LA DEFENSA DE DIOS

Cuando era niña, me gustaba saber cuando mis hermanos estaban en problemas. En verdad, me gustaba saber exactamente cuál sería cada uno de sus castigos por lo que habían hecho. Y a mí de verdad, realmente me encantaba saber que, si yo me metía en problemas con uno de ellos, ellos iban a tener el mismo grado de castigo que yo.

Así que me inmiscuía en los asuntos de mis hermanos cuando mamá y papá nos disciplinaban.

Ahora mis hijos hacen lo mismo. Sienten extrema curiosidad por saber cuánto tiempo estará castigada la hermanita mayor por ser pícara. Quieren saber exactamente cuánto tiempo estarán confiscados los aparatos electrónicos del hermano, tras violar una regla. Ahora entiendo por qué les molestaba tanto a mis papás que yo quisiera saber toda la verdad de cada corrección o acción disciplinaria que llevaban a cabo. Es completamente irritante que mis hijos me hagan toda clase de preguntas de cómo estoy manejando la situación. Como mamá, no siempre creo que sea asunto de ellos saber cómo estoy lidiando con uno de sus hermanos. A veces, la consecuencia debe ser solamente entre el niño con el que estoy lidiando y yo. Creo que eso es lo correcto como padres, y en ocasiones es mejor para el niño a quien estoy corrigiendo, para que ese proceso no esté en el ojo público.

Sin embargo, tengo que admitir que soy muy curiosa en cuanto a la manera en que Dios lidia con algunas de las personas que me han perjudicado. Es una de las formas en que intenté en el pasado verificar que Dios estuviera actuando como mi Defensor. Cuando veo una consecuencia manifestándose en la vida de alguien, siento como si fuera una prueba de que Dios ha venido en mi defensa. Quizá sea así.

O quizá no.

El apóstol Pedro tenía antecedentes en cuanto a querer controlar la manera en que Jesús manejaba los asuntos con los demás discípulos. En Juan 21, Pedro y Jesús tuvieron un largo intercambio sobre su relación y del nivel de devoción de Pedro en su ministerio. Jesús le reveló cuánto le costaría a Pedro pastorear la iglesia futura, descripción que fue muy densa. Pero observa lo que Pedro quiso saber cuando Jesús se lo reveló:

«De cierto, de cierto te digo: Cuando eras más joven, te ceñías, e ibas a donde querías; mas cuando ya seas viejo, extenderás tus manos, y te ceñirá otro, y te llevará a donde no quieras. Esto dijo, dando a entender con qué muerte había de glorificar a Dios. Y dicho esto, añadió: Sígueme.

»Volviéndose Pedro, vio que les seguía el discípulo a quien amaba Jesús, el mismo que en la cena se había recostado al lado de él, y le había dicho: Señor, ¿quién es el que te ha de entregar? Cuando Pedro le vio, dijo a Jesús: Señor, ¿y qué de éste?

»Jesús le dijo: Si quiero que él quede hasta que yo venga, ¿qué a ti? Sígueme tú. Este dicho se extendió entonces entre los hermanos, que aquel discípulo no moriría. Pero Jesus no le dijo que no moriría, sino: Si quiero que él quede hasta que yo venga, ¿qué a ti?». (vv. 18-23 RVR1960)

¿Entendiste? Pedro no le preguntó a Jesús los hechos específicos de su muerte. Pedro no preguntó si había otra forma o si había algo que pudiera hacer para seguir a Jesús y evitar ese resultado. No. Él quería saber si a Juan (¡el discípulo a quien Jesús amaba!) le sucedería lo mismo. Clásico.

Cada uno de mis hijos responden a diferentes estilos de corrección. Para uno de ellos, una represión severa es suficiente. Para otro, se necesitará una respuesta mayor, quitarle sus privilegios favoritos. A mi tercer hijo, su corazón lo convence mucho más profundamente que cualquiera cosa que a mí se me ocurra. Así que utilizo diferentes métodos para lidiar con mis hijos, basada en la manera en que Dios los ha creado pero, en definitiva, tengo un objetivo: quiero que sus corazones estén enfocados en las cosas correctas y en Dios.

¡Cuánto más Dios quiere eso para sus hijos! ¿Y qué representa eso en la actividad de Dios como nuestro Defensor?

Él lidia con cada una de nosotras en una forma personalizada. Él puede decidir lidiar con el comportamiento en forma privada. Él, con esperanza, podrá actuar con el propósito de llevarnos a un lugar de arrepentimiento y salvación.

Y puede ser que tú y yo no veamos exactamente cómo lo hace. ¿Puedes aceptar sus términos?

DIOS MI SALVADOR, DIOS MI DEFENSOR

En ciertas ocasiones me es difícil aceptar la manera en que Dios obra. Sería más genial y resuelto ver claramente la consecuencia manifestada en la vida de alguien que me ha lastimado. A veces he visto la manifestación de esa consecuencia, pero no parece tener gran alcance. No parece ser un precio suficientemente abrupto para el dolor que causó esa persona.

Para mí es un alivio saber que no soy la única que se siente así. Pablo escribió al respecto en una carta a los creyentes que vivían en Roma. Él estaba en Corinto cuando la escribió, alrededor del año 57 D. C. Es interesante ver que todavía no había viajado a

Roma, pero estaba consciente de lo que estaba experimentando la joven iglesia. Nerón se había convertido en emperador de Roma solo cuatro años antes. Solamente tenía dieciséis años cuando asumió el trono. Este es el mismo Nerón que asesinó a su propia madre. Este es el mismo Nerón que persiguió violentamente a la iglesia primitiva. Este es el mismo Nerón que sentenciaría a Pablo a muerte al final de su reinado. Los creyentes de Roma ya estaban viviendo bajo la sombra de un hombre maligno.

La carta de Pablo a los Romanos abordaba demasiados asuntos sobre la salvación y la gracia de Dios. Él pasó mucho tiempo explicándole a la nueva iglesia que el plan de salvación divino estaba extendido a todos, no solamente a los judíos. Como ves, los judíos habían recibido la promesa de un salvador y, por consiguiente, pensaban que ese salvador sería para ellos y para nadie más. Pero el plan de Dios también incluía la salvación para los gentiles, aquellos fuera de la familia judía de la fe, a quienes los judíos habían visto durante mucho tiempo, si no como enemigos, al menos como a quienes mantener a distancia y mirar con sospecha. Los gentiles no habían estado siguiendo los caminos de Dios. ¿Por qué no simplemente aceptar lo que les venía por causa de generaciones de injusticia? ¿Por qué la defensa de Dios a Israel conllevaba serias repercusiones contra los gentiles? ¿Y por qué un salvador judío pagaría su deuda?

Pablo se puso a escribir, mediante la inspiración del Espíritu Santo, y escribió estas extraordinarias palabras:

¿Qué, pues, diremos? ¿Que hay injusticia en Dios? En ninguna manera. Pues a Moisés dice: Tendré misericordia del que yo tenga misericordia, y me compadeceré del que yo me compadezca.

Así que no depende del que quiere, ni del que corre, sino de Dios que tiene misericordia. Porque la Escritura dice a Faraón: Para esto mismo te he levantado, para mostrar en ti mi poder, y para que mi nombre sea anunciado por toda la tierra.

De manera que de quien quiere, tiene misericordia, y al
que quiere endurecer, endurece. (Romanos 9:14-18 RVR1960)

Algunas veces Dios nos defiende en la manera que esperába-
mos. El abusador va a la cárcel. El extorsionador es atrapado.
Fracasa el matrimonio entre el cónyuge infiel y la novia por la
que te dejó.

Pero a menudo, la defensa de Dios parece muy diferente a la
vindicación que estábamos buscando. Nuestro Dios es el que hizo
apóstol a alguien que aprobó la ejecución de Esteban, el primer
mártir cristiano. Nuestro Dios es el que le extendió la salvación a
Nínive después de todas sus maldades, lo cual hizo que el profeta
que andaba en ballenas —Jonás— se deprimiera, porque Dios
no acabó con fuegos artificiales y azufre. Confiar en la *clase* de
defensa de Dios requiere que confiemos en sus *medios* de defensa,
aun cuando parezcan ser invisibles o pasados de tiempo. Como
escribió Pablo en Romanos 12:19 (RVR1960): «No os venguéis
vosotros mismos, amados míos, sino dejad lugar a la ira de Dios;
porque escrito está: Mía es la venganza, yo pagaré, dice el Señor».

Los métodos de defensa de Dios nunca nos fallarán, aunque
podrían desconcertarnos. Confía en ellos de todas formas. Su
justicia puede ser un depósito para la generación posterior. Confía
en ellos de todas formas. Su retribución puede volverse misericordia frente al arrepentimiento de quien te lastimó. Confía en esa
misericordia. Podrías ver una justicia inmediata y poderosa. No
confíes en el orgullo, sino en su providencia. Dios es tu Defensor
supremo, lo cual significa que experimentarás esa defensa en esta
vida o quizá en la siguiente. Pero esa defensa existe. Más allá de
tu vista, más allá de tu consideración.

Existe, porque Él dice: *Yo estoy aquí.*

once

LA VERDADERA RESTAURACIÓN

CONSEGUÍ LA MEJOR IMITACIÓN.

Hace algunos meses me invitaron a asistir a una boda. Quería ponerme algo nuevo, algo que luciera elegante, ya que sería una boda formal. Pero al ser como soy, no quería gastar mucho dinero. (Tu chica Rosie siempre anda tras las buenas ofertas). Además, no tenía tiempo para correr de tienda en tienda, para encontrar algo demasiado costoso o que no fuera de la talla correcta o del color que yo estaba buscando.

Fue entonces que se me ocurrió algo: el destello de una tienda de novias surgió de la nada. Sí, compraría algo. Ah, sí, lo haría. Pero compraría en... Amazon.

Me encanta comprar en Amazon. Me encanta el servicio Prime. Puedo explorar rápidamente las opciones de Amazon, sin necesidad de meterme de probador en probador en un recorrido por varias tiendas. En cuestión de breves minutos, observando la moda, ya me había conectado en mi cuenta de Amazon, colocado algunos términos sencillos de búsqueda de un fabuloso vestido, y encontrado justo lo que estaba buscando. Quería algo con lo que me arriesgaría un poco, algo de medio largo en un color brillante claro, con abalorios y perlas cosidos por todo el vestido. Y así de fácil encontré el vestido más lindo que cumplía todos mis deseos. Rápidamente coloqué mi talla en el carrito virtual, terminé el proceso de compra y me felicité cuando apareció en la pantalla la confirmación de mi compra.

¡Yo era un genio! Estaba muy orgullosa de mí misma.

Y solamente me costó diecisiete dólares. Tardaría casi tres semanas en llegar, lo que significaba que lo obtendría justo antes de la boda. Eso me era un poco preocupante con mi estilo de vida tipo Amazon Prime, el cual asegura que la mayoría de mis órdenes llegan en unos quince minutos. Pero daba igual.

Ya sabes a dónde va esto, ¿no?

El paquete llegó finalmente un día antes de la boda. Yo ansiaba abrir el paquete y meterme en ese encantador vestido. Me dirigí al baño principal, al vestidor, y saqué el vestido de la caja.

Umm...

Mira, no soy costurera, no puedo hablar con conocimiento de esas cosas, pero se supone que los cierres deberían ir cosidos a la prenda en línea recta, ¿cierto? O sea, se supone que los cierres no se desvíen hacia la izquierda, luego se amontonen unos cuantos centímetros y después se internen hacia la derecha. Estoy muy segura de eso.

Y el material. Ah. Se sentía como una clase de bolsa plástica de basura estirada lo más posible y convertida en ropa. ¿Y las perlas y las lentejuelas? Ni siquiera me hagas empezar. No sé qué usaba ese fabricante en particular para el tamaño, pero no era la talla estándar a la que estoy acostumbrada. Esa pieza que prometía ser de mi talla, estaba hecha a escala de una de esas tenebrosas muñecas Barbie «de mi tamaño», que parece que todas quieren a los cuatro años. Sí, de esa talla era. Fue una sesión de prueba singular, en verdad. Tanto que casi me da un ataque.

A mitad de aquella prueba improvisada, mi esposo entró deambulando. Debes saber que Abel es un hombre constantemente alentador, un esposo que me elogia con frecuencia y es considerado en las áreas en que mi autoestima y sentido de autoimagen necesitan un empujón. Pero cuando entró y me vio apretada, estrujada en esa ostentosa pesadilla beige, solamente meneó la cabeza.

¡Uf! Ese movimiento lo dijo todo.

Yo trataba de mantenerme optimista. Definitivamente había una manera de hacer funcionar aquello.

Me metí el vestido —como con un calzador— por encima de las caderas, mientras que los abalorios y las perlas se desprendían sobre el piso de mármol como una granizada en miniatura. Yo continué metiéndolo a duras penas hasta que introduje los brazos por la sisa y me ajusté el tirante sobre los hombros. *Mejor*, me dije. *Esto todavía podría funcionar.* Miré de un lado a otro frente al espejo con mi creciente espíritu de esperanza.

Abel permaneció en el fondo, meneando la cabeza.

Me incliné para comenzar a reunir las lentejuelas y las perlas que se habían desprendido, diciéndome que simplemente podría usar una pistola de pegamento si lo necesitaba. Esa es la clase de manía que puedo experimentar cuando algo tiene una etiqueta de siete dólares.

Pero cuando me estiré para alcanzar otro puñado de abalorios del suelo, todo el vestido, asido de esa desquiciada línea de cierre, cedió.

¡Ripppppp!

En ese momento, Abel tuvo que marcharse de la habitación para mantener su reputación de esposo alentador y sensible, y no reírse a carcajadas.

Yo salté al teléfono para comunicarme con Amazon, exigiendo un cambio, y la verdad es que fueron geniales. Me ofrecieron las opciones de un reembolso o el reemplazo del vestido. Para entonces yo no tenía tres semanas para esperar que llegara otra versión de ese vestido. Basada en mi experiencia actual, aunque hubiera tenido tres semanas disponibles, era muy probable que el resultado no hubiera sido mejor.

Finalmente tuve que cambiar de idea en cuanto a tener la apariencia de cien dólares por diecisiete, con un vestido que tenía en el fondo de mi armario desde hacía algunos años.

Actualización: a veces encuentro los pequeños abalorios en cualquier rincón y hendiduras del piso de mi tocador.

¿CUÁL ES EL TIPO DE CAMBIO?

Cuando salimos de viaje, una de las cosas que tenemos que considerar es el tipo de cambio de nuestro destino. ¿Has viajado a otro país y pasado por el proceso de cambiar tus dólares estadounidenses por la moneda del lugar que estás visitando? Eso puede resultar bastante confuso. Hay un proceso matemático involucrado para determinar el equivalente de la moneda extranjera con el buen y conocido dólar estadounidense. Cuando finalmente cambias un poco de tus conocidos billetes verdes por aquellos billetes tecnicolor de otros países, también te encontrarás en cada cafetería y mercado, intentando averiguar cuánto dinero —en términos estadounidenses— estás gastando en cada café y souvenir. ¿Acabo de gastar $12,50 en una taza de café descafeinado? ¿O fueron doce centavos? No puedo con esos cálculos.

Uno de los lugares donde es realmente confuso cambiar dinero es en México. Viajo allá bastante por asuntos de trabajo y cambiar dinero siempre ha sido una de las partes más estresantes del viaje. Muchos turistas cambian el dinero en los aeropuertos de México y, francamente, ese es uno de los lugares más inadecuados para hacerlo. Las tasas —o tipos— de cambio son exageradas, y se aprovechan de los turistas una y otra vez porque —como yo— intentan en ese momento averiguar la complicada matemática, y eso los confunde más con la tasa de cambio adecuada.

Pero hay una manera en que los locales cambian su dinero: buscan una sombrilla.

Mientras conduces por ciertos bulevares, encontrarás algunas hermosas mujeres con sombrillas. El que sabe, lo sabe. Esas mujeres están ahí para cambiar dinero y lo harán a una tasa justa. Esas casas de cambio de monedas bajo una sombrilla parecen mucho más sospechosas que las escurridizas agencias y locales de cambio del aeropuerto. Pero las personas de ahí saben que esa es la forma de obtener la mejor tasa.

Ya sea un vestido formal con un precio que resulta ser demasiado bueno para ser verdad (umm) o un timo en una tasa de cambio del aeropuerto, informarnos de cuánto cuestan las cosas, en realidad es una de las formas de equiparnos para andar bien por la vida.

Con respecto a buscar venganza, justicia o reivindicación, el tipo de cambio puede parecerse al salvaje oeste. Queremos cambiar la injusticia por cierto nivel de justicia. Queremos cambiar el mal por cierto grado de castigo para el agresor. Queremos que el juicio sea un intercambio justo por lo que sucedió. Pero ¿cuáles son los tipos de cambio exactos? ¿Cómo lo sabemos?

A medida que tú y yo continuamos en nuestro progreso confiando por completo en Dios como nuestro Defensor, hay un tipo de cambio disponible que nos llevará a la vida y a la salud. Pero tenemos que estar dispuestas a hacer el cambio.

EL YO POR EL YO

A mí me gusta el tipo de cambio del Antiguo Testamento. ¿Lo conoces, ese que pedía ojo por ojo? Lo encontramos por primera vez en Éxodo 21:23-25 (RVR1960): «Mas si hubiere muerte, entonces pagarás vida por vida, ojo por ojo, diente por diente, mano por mano, pie por pie, quemadura por quemadura, herida por herida, golpe por golpe». Y aparece de nuevo en Levítico 24:19-21 (RVR1960):

«Y el que causare lesión en su prójimo, según hizo, así le sea hecho: rotura por rotura, ojo por ojo, diente por diente; según la lesión que haya hecho a otro, tal se hará a él. El que hiere algún animal ha de restituirlo; mas el que hiere de muerte a un hombre, que muera».

Este tipo de cambio me parece completamente coherente. Si me golpeas, te golpearé.

Lo interesante es que ese tipo de cambio era aceptado por muchas culturas, no solamente por el pueblo escogido de Dios, los israelitas. Otro ejemplo antiguo de esta forma de justicia se encuentra en el Código de Hammurabi. Es todo un documento legal tallado en una pieza de roca pulida. Los arqueólogos piensan que data de unos setecientos años antes del nacimiento de Jesús. Fue descubierto en 1901 en la región de la antigua Babilonia y, si quieres verlo ahora, se exhibe en el Museo del Louvre, en París. Esculpido en esa piedra se encuentra el tipo de cambio del ojo por ojo y diente por diente. De manera que, incluso las culturas que no seguían a Dios y sus preceptos, definitivamente aceptaron ese particular tipo de cambio para lidiar con las heridas y las injusticias que enfrentaban.

Luego apareció Jesús. Y cambió todo por completo.

Él dijo:

«Oísteis que fue dicho: Ojo por ojo, y diente por diente. Pero yo os digo: No resistáis al que es malo; antes, a cualquiera que te hiera en la mejilla derecha, vuélvele también la otra; y al que quiera ponerte a pleito y quitarte la túnica, déjale también la capa; y a cualquiera que te obligue a llevar carga por una milla, ve con él dos. Al que te pida, dale; y al que quiera tomar de ti prestado, no se lo rehúses». (Mateo 5:38-42 RVR1960)

¿Qué?

¿Qué sucede aquí? ¿Jesús estaba contradiciendo las Escrituras? ¿Y qué hay de ese nuevo tipo de cambio que estaba promoviendo? ¡Parece una extorsión al turista! ¿Cómo se supone que debo mantener límites buenos y sanos con este tipo de tasa de cambio? ¿Cómo evitamos que la gente mala haga más cosas malvadas, si no hay consecuencias, si no hay seguimiento?

Sabemos que Jesús no vino a contradecir las Escrituras, sino a cumplirlas. Los pasajes del Antiguo Testamento que se refieren al «ojo por ojo» eran para guiar a la nación de Israel sobre cómo establecer su gobierno, de cómo crear un sistema judicial. Había pasajes sobre de los testigos y del debido proceso que debía seguirse con ese tipo de cambio del Antiguo Testamento.

Pero es fácil ver que, con el tiempo, la gente comenzó a tomar las riendas, creando sus propias formas de retribución y justificándolas con las Escrituras. Lo que había comenzado como una manera de establecer la paz civil, se convirtió en la justificación para devolver el golpe con la misma dureza a alguien que había sido grosero con uno. Jesús conocía una mejor manera de permitirnos experimentar la realidad del reino, como lo expuso en Mateo 5.

Esto es lo que propongo: dejemos a un lado el tipo de cambio del «ojo por ojo» y, en vez de eso, utilicemos este: «el yo por el yo». Permíteme que te explique.

Cambia el «estoy lastimada» por «estoy sana»

Durante largo, largo tiempo, «herida» fue una de las principales maneras en que me veía a mí misma. Si tenía que describirme ante alguien, normalmente comenzaba con una lista de cosas que había experimentado a manos del abusador sexual que persiguió mi infancia. Luego avanzaría con las relaciones tóxicas en mis años de juventud hacia los veintitantos. Me identificaba como una mujer definida por aquellas experiencias dañinas. Esa tasa de cambio era la única que conocía: «Fui lastimada, por lo tanto, estoy herida». Y lo decía en dos sentidos: que todavía estaba lastimada, y que esa herida me había hecho lo que yo era.

Seamos claras. A veces la gente quiere actuar como si nada les hubiera pasado o minimizan la importancia de lo que sucedió. Tampoco estoy hablando de irse a ese extremo. Hay una gran diferencia entre reconocer la herida que ha sucedido y lo que estás haciendo para procesar y sanar de eso, e ignorar y minimizar tu experiencia, y actuar como si esa fuera una forma de sanar. Piénsalo de esta manera. Si sigo arrancándome una costra, la herida requerirá mucho tiempo sanar. Si trato la herida lavándola, manteniéndola limpia y colocando un antibiótico en crema, estoy aceptando la herida y creando un buen ambiente para la sanidad.

Pero digamos que tengo una astilla debajo de mi piel y no le digo nada a nadie al respecto, porque no me gustan las agujas y no quiero que nadie se meta con ella. O actúo como si la incomodidad de la astilla no fuera importante y la dejo donde está. Con el tiempo, la infección se asienta. Alrededor de la astilla puede formarse una cicatriz. Puede haber un período de tiempo en que todo parezca estar bien, pero no lo está.

Buscar la verdadera sanidad de una herida es mejor que toquetearla o ignorarla. Si queremos progresar en nuestro viaje hacia ese lugar donde le permitimos a Dios lidiar con las injusticias de nuestra vida, ese es el tipo de cambio que tenemos que estar dispuestas a aceptar para lograrlo.

Sí, estás herida. Sí, decidir avanzar desde ahí hacia un proceso de sanidad puede parecer abrumador. Puede parecer como si estuvieras minimizando la importancia de lo que te sucedió. Pero no lo estás haciendo. Estás entrando en un nuevo territorio en el que el Dios restaurador puede comenzar a sanar tu vida. Este es uno de los cambios que desearás hacer para ver completamente que Dios está defendiéndote: cambiar tu identidad de alguien que vive en una condición herida a alguien que avanza hacia un estado de sanidad.

Cambia el «no creo que sea justo» por «puedo dejar lo que es justo y aceptar lo que es»

Tengo que decir que este es un tipo de cambio con el que realmente batallé, tal como te dije en el capítulo 3. He vivido largos días en la tierra del «no creo que sea justo», lo cual no me acercó en absoluto a donde quería estar.

El cambio siempre conlleva dejar algo conocido para asirse a algo desconocido. Piensa en las veces en que cambias divisas: cambias los conocidos billetes y monedas de dólar —a los que estás acostumbrada— y te haces de dinero que luce diferente y que se cuenta de manera distinta. Sueltas una clase de moneda que abandona tu mano y recibes otra especie de efectivo.

El cambio de «no creo que sea justo» por «puedo dejar lo que es justo y aceptar lo que es», parece truculento. Puede percibirse como si ya no importara aquello en lo que decimos que basamos nuestros valores y nuestras definiciones de justicia. Pero, por favor, escúchame: no es así. Yo todavía tengo una sensación muy clara de lo que pienso que es justo e injusto. Mira, el cambio de divisas no hace que la divisa original sea falsa. Representa, simplemente, ajustar los medios por los cuales te mueves en un lugar diferente. Tu sensación de lo justo es real y cuenta. Pero cuando aceptas lo que es, aun cuando sea injusto, puedes avanzar hacia lo que es real con un poder nuevo.

Continuar reflexionando en la injusticia de una situación te mantiene atascada en ese lugar. Pero tú y yo estamos avanzando, conociendo mucho mejor a Dios, dependiendo de Él y confiando en Él mucho más. Para hacer ello necesitamos hacer este cambio en la frontera de «lo que fue y lo que puede ser», caminando de lleno en lo que es, sea justo o injusto.

Como dice la Palabra de Dios al final del Sermón del monte que expusiera Jesús: «Pues él da la luz de su sol tanto a los malos como a los buenos y envía la lluvia sobre los justos y los injustos por igual» (Mateo 5:45 NTV). Pero veamos uno o dos versículos anteriores para asegurarnos de tener el contexto completo de lo que Jesús dijo aquí. Mateo 5:43-45 dice (RVR1960): «Oísteis que fue dicho: Amarás a tu prójimo, y aborrecerás a tu enemigo. Pero yo os digo: Amad a vuestros enemigos, bendecid a los que os maldicen, haced bien a los que os aborrecen, y orad por los que os ultrajan y os persiguen; para que seáis hijos de vuestro Padre que está en los cielos».

¿Es justo que la gente mala reciba la calidez del sol? Quizá no. Pero Dios lo hace brillar sobre buenos y malos. ¿Es justo que la lluvia caiga sobre los justos? Posiblemente no. Pero cuando actuamos como verdaderas hijas de Dios, cambiamos evaluándolo de esa manera, aceptamos lo que es y hacemos que nuestro objetivo sea reflejar a nuestro Padre.

Cambia el «no podré dejar esto» por el «acepto lo que sucedió y puedo avanzar»

¿Alguna vez viste *El día de la marmota*, la película de principios de los noventa con Bill Murray y Andie MacDowell? Bill Murray interpretó el papel del meteorólogo de la televisión, que es enviado a Punxsutawney, Pennsylvania, para cubrir los eventos del 2 de febrero, el Día de la marmota. Este día es una tradición que se inició en Estados Unidos. La gente se reúne para ver si la primera marmota que sale de su madriguera puede ver su sombra ese día 2 de febrero. Si el animalito sale de la tierra y proyecta su sombra, entonces la gente dice que el invierno durará seis semanas más. Pero si el día es nublado y no hay sombra cuando la marmota sale de su madriguera, entonces el mito es que la primavera llegará mucho antes.

En la película, el personaje que representa al meteorólogo —interpretado por Bill Murray— asume una muy mala actitud al ser enviado para cubrir el Día de la marmota. Él piensa que la tradición es ridícula y desprecia tanto al pueblo de Punxsutawney como a sus residentes. Se queja todo el día con su productora, interpretada por Andie MacDowell, que está ahí para ayudarlo a realizar la historia. Para empeorar las cosas, una anormal tormenta de nieve azota la ciudad, y el personaje de Bill Murray, su productora y el camarógrafo quedan atrapados en Punxsutawney durante la noche.

A la mañana siguiente sucede algo extraño. Cuando el personaje de Bill Murray se despierta con la alarma de su radio, su día comienza exactamente como el anterior. Está atrapado inexplicablemente en alguna clase de círculo extraño y parece que él es la única persona que está consciente de ello. Así que vive de nuevo el Día de la marmota, frustrándose y enfadándose cada vez más con todo lo que sucede.

Y eso sucede una, otra y otra vez.

Después de un tiempo de desesperación y tendencias suicidas, prueba algo diferente: comienza a buscar el gozo. Se sensibiliza ante el amor. Y, finalmente, sale del círculo de la marmota.[1]

Es un viaje extraño y absurdo, pero el mensaje es claro: hasta que él deje el egoísmo, está destinado a repetir el mismo día una y otra vez.

Así es como me siento cuando me he dispuesto a abandonar algunas de las cosas que han venido contra mí. Todos los días, comienzo con los mismos pensamientos, la misma ira, la misma repetición de lo sucedido. Pero si queremos avanzar a un día más brillante, tenemos que honrar el cambio que implica. Para avanzar, tenemos que dejar ir lo que fue.

Yo miro el tipo de cambio registrado en el libro de Jeremías. Este era un profeta del Antiguo Testamento, que pasó mucho tiempo animando a los israelitas a cambiar el desánimo, las decisiones y la esclavitud que estaban experimentando por algo mejor. Los animaba con la mejor vida que Dios ideó para ellos: «Las jóvenes danzarán de alegría y los hombres —jóvenes y viejos— se unirán a la celebración. Convertiré su duelo en alegría. Los consolaré y cambiaré su aflicción en regocijo» (Jeremías 31:13 NTV). Por otro lado, el profeta Isaías decía que Dios ordenaría «que a los afligidos de Sion se les dé gloria en lugar de ceniza, óleo de gozo en lugar de luto, manto de alegría en lugar del espíritu angustiado» (Isaías 61:3 RVR1960).

Para que los israelitas dejaran el lugar de tristeza, desesperación y luto, antes tenían que asegurarse de que Dios era su enfoque y luego tendrían que estar dispuestos a dejar lo que había ocurrido para tomar lo que estaba delante. He pasado demasiado tiempo en ciertas temporadas de mi vida, repitiéndome algo que no estaba dispuesta a soltar, en vez de alcanzar lo que Dios tenía para mí.

¿Puedo animarte? El pasado ha terminado. No te atasques en un interminable Día de la marmota. No estoy diciendo que olvides lo que te sucedió ni que eso no importa; sí importa. Pero cambia lo que fue por la esperanza de que Dios también tiene un futuro para ti.

Cambia el «ya no volveré a ser igual» por el «he crecido y madurado a partir de esto»

Algunas de las heridas que he experimentado me han cambiado absoluta e irremediablemente. No fui la misma después de esas experiencias. Cuando abusaron sexualmente de mí a los ocho años, mi virginidad me fue arrebatada. Eso no es algo que puedas recuperar.

Esto me hace pensar en Daniel, Sadrac, Mesac y Abed-nego. Ellos fueron cuatro chicos judíos llevados de Israel a la cautividad en Babilonia. Cuando llegaron a Babilonia, pasaron por un intensivo entrenamiento y readaptación para convertirse en siervos de la red de la casa real. Ahora, la Biblia no nos dice con seguridad, pero los historiadores afirman que muchos hombres que eran esclavizados por los babilonios eran castrados. Eso sucedía especialmente si eran hechos esclavos de la casa del rey, porque era de suma importancia que los niños nacidos en el palacio fueran claramente descendientes del rey.

Daniel 1:3-4 (RVR1960) dice:

«Y dijo el rey a Aspenaz, jefe de sus eunucos, que trajese de los hijos de Israel, del linaje real de los príncipes, muchachos en quienes no hubiese tacha alguna, de buen parecer, enseñados en toda sabiduría, sabios en ciencia y de buen entendimiento, e idóneos para estar en el palacio del rey; y que les enseñase las letras y la lengua de los caldeos».

Eso significa que el eunuco principal del rey estaba enseñando a Daniel, a Sadrac, a Mesac y a Abed-nego, preparándolos para servir en la misma posición en la casa del rey. Además, una profecía de 2 Reyes 20:18 (RVR1960) había dicho: «Y de tus hijos que saldrán de ti, que habrás engendrado, tomarán, y serán eunucos en el palacio del rey de Babilonia». Ahora había llegado ese momento de la historia.

No podemos saber con seguridad si Daniel y sus amigos fueron castrados, pero eso parece probable. Si esos cuatro jóvenes —tomados de sus vecindarios lujosos y de sus familias acomodadas, llevados a Babilonia y hechos esclavos en la casa del rey— fueron castrados, eso añadía la suprema herida por sobre todo lo demás que experimentaron. Y tal como cuando mi virginidad me fue violentamente arrebatada de niña, esos jóvenes fueron alterados perpetuamente como resultado de lo que les sucedió.

Sin embargo, los cuatro continuaron creciendo y floreciendo en su obediencia y su relación con Dios. Leemos en Daniel 1:20 que «en todo asunto de sabiduría e inteligencia que el rey les consultó, los halló diez veces mejores que todos los magos y astrólogos que había en todo su reino».

Quizá hayas experimentado algo que te alteró para siempre, física o emocionalmente. Llevarás las cicatrices. Pero, tal como las cicatrices físicas hacen que la zona afectada sea más dura, puedes salir de la experiencia más fuerte. Mejor aún, tal como Daniel y sus amigos. Eso no significa que desestimarás lo que sucedió. Ser abusada sexualmente de niña me cambió mucho. No estoy diciendo que deberíamos decir algo ridículo como: «Pero me alegro de que sucediera porque... bla, bla, bla...». No. Es degradante reducir lo que me sucedió a mí y lo que pudo haberte sucedido a ti por una despreocupación tan absurda. Lo que estoy diciendo es que, lo que Dios puede hacer en tu vida, la manera en que puede volverte más fuerte, más sabia, más compasiva y más poderosa tras lo sucedido, es milagroso. Lo sé porque lo he vivido. Comenzó transformando lo que me había cambiado por permitir que Dios me hiciera crecer y madurar. Cosa que también hará contigo.

Cambia el «no perdonaré» por «puedo hacer todas las cosas en Cristo»

Este parece ser uno de los cambios más costosos que haremos. Es por ello por lo que lo he dejado al final de la lista de «el yo por el yo». Como seguidoras de Jesús sabemos que el perdón es importante. Sabemos que hemos sido perdonadas por mucho y, a cambio, debemos perdonar mucho. Incluso sabemos los cálculos: que Jesús espera que perdonemos a una proporción de setenta veces siete (Mateo 18:22).

Sin embargo, eso no hace las cosas más fáciles, al menos para mí.

Esto es algo un poco extraño: a veces se me dificulta perdonar las cosas pequeñas que me suceden. Es un vestigio de los años que he intentado ignorar y enterrar las grandes cosas que me sucedieron —en la infancia y en la juventud temprana—, cuando pensaba que mantener la boca cerrada era una forma de perdonar. En años posteriores, cuando alguien era un poco duro conmigo o me dificultaba algo, yo mantenía el rencor más tiempo, porque tenía demasiada agitación y muchas emociones no resueltas de las cosas importantes.

Perdonar se siente como si desengancharas a alguien. Se siente así porque —adivina— en realidad *es* soltar a alguien. Sí. Estás soltando a alguien de la posición emocional en que lo has estado sosteniendo. Ahora, seamos claras sobre lo que es y no es el perdón. El perdón no tiene que ver con quitarle a alguien la responsabilidad. Puedes perdonar y continuar reportando a las autoridades la actividad ilegal de alguien. Puedes perdonar y aun así decidir no colocarte otra vez en el camino de alguien. Ese fue mi error por años: lo que yo pensaba que significaba caminar en el perdón, lo que pensaba que era desenganchar a alguien de mi corazón, también significaba liberar a la persona de las consecuencias legales y relacionales que resultarían.

Pensar en el perdón como un intercambio me ayuda. No es un intercambio en el que la otra persona quizá termine disculpándose. No es un intercambio en el que la otra parte pueda enderezar las cosas. Ni es un intercambio en que la otra parte pueda evitar las ramificaciones legales o relacionales que en ocasiones vienen como resultado de un comportamiento erróneo.

Este es un intercambio en el cual aprendo cuán poderoso es Cristo en mí. Es un cambio en el que me asombra la manera en que Dios puede sanarme y liberarme de la posesión de alguien que me ha lastimado. Y es un cambio que paga extraordinarios intereses a cambio. Yo quiero el gran perdón de Dios en mi vida, y Jesús dijo que mi disposición a perdonar está directamente conectada con el perdón de Dios para mí.

Hay algo más que he aprendido acerca del perdón: no es un evento único. He perdonado a las personas cercanas que me han lastimado profundamente y los perdono de nuevo en este momento. Apuesto a que los perdonaré de nuevo mañana, por todo y las cosas que me hicieron hace años. Tengo que mantener ese perdón activamente. Durante largo tiempo pensé que, si perdonaba «correctamente», podría perdonar una sola vez y ya. Pero creo que eso es parte de lo que Jesús estaba diciendo cuando presentó las matemáticas del perdón:

«Entonces se le acercó Pedro y le dijo: Señor, ¿cuántas veces perdonaré a mi hermano que peque contra mí? ¿Hasta siete? Jesús le dijo: No te digo hasta siete, sino aun hasta setenta veces siete». (Mateo 18:21-22 RVR1960)

Yo solía leer esto, pensando que significaba que, si alguien peca contra ti setenta veces siete, entonces tú debes perdonar a esa persona por cada ocasión. Y quizá eso sea lo que signifique. Pero para mí también significa que cuando la herida burbujea, cuando la persona que me lastimó se encuentra en un evento o reunión social con la familia extendida, necesito continuar con ese perdón. Posiblemente tenga que seguir perdonando a alguien por lastimarme, y tal vez me cueste una serie de veces desarrollar el hábito de perdonar a esa persona.

Aquí hay otro valor en cuanto al tipo de cambio: permanezco asombrada con lo que Jesús ha hecho al extenderles perdón a los demás. Hay cosas que me confirman en lo profundo que hay un Dios. Un bebé recién nacido. El océano que choca con la playa. Y el hecho de que Jesús me haya empoderado para perdonar a aquellos que no lo merecen en absoluto y que ni siquiera lo valoran. La manera en que Él nos puede ayudar a hacerlo es milagrosa. Este tipo de cambio es imprescindible en nuestro viaje para ver a Dios como nuestro Defensor, puesto que el perdón es la moneda del cielo.

Es muy probable que estos cinco cambios no te sean fáciles. Nos parece lógico pagar herida con herida cuando alguien nos hace daño. Retribuir el rechazo con rechazo satisface nuestra sensación de castigo. Pensamos que hallaremos alivio al retribuirle a alguien que nos ha causado pérdida, al producirle pérdida a esa persona. Pedro sabía que nos resultaría muy tentador intentar evitar el proceso de recibir una nueva moneda mediante el proceso de intercambio. Él sabía que seríamos tentadas a continuar desembolsando, dólar a dólar, lo que nos fue repartido. Pero su advertencia sigue en pie a través de los siglos, así como la promesa: «No devolviendo mal por mal, ni maldición por maldición, sino por el contrario, bendiciendo, sabiendo que fuisteis llamados para que heredaseis bendición» (1 Pedro 3:9 RVR1960).

Sé que estás acostumbrada a pagar por los males que has vivido. Sé que podrías sentirte más segura al permanecer con lo que te resulta familiar. Pero esos tipos de cambio solo nos mantienen detenidas en la frontera por más tiempo, atrapadas en una tierra que solamente nos ha extendido dolor, cuando la sanidad y el propósito se encuentran del otro lado.

Cambia tus cargas. Cambia tu corazón quebrantado. Cambia tu pérdida. Y recibe ojos nuevos, una fe renovada, una historia empoderada. Él puede hacerlo. Y lo hace. Esa es la verdadera restauración que sobrepasa toda venganza, revancha o retribución.

conclusión

CÓMO SABER

AL FIN, HEMOS LLEGADO AQUÍ.

Amiga, has recorrido aguas bastante turbulentas. Has tenido que mirar directamente la situación original que te lastimó tanto. Has tenido que aceptar la tarea de sentir a Dios como tu Defensor, necesitabas acometer esta batalla en tu interior. Has tenido que revisar lo que sientes de lo justo y lo injusto. Has tenido que identificar la isla de la idolatría, donde quizá encallaste. Has aprendido a dejar de batallar en las arenas movedizas de la autodestrucción y permitir que la gracia te saque de ahí. Has re-evaluado aquellos dragones de los molinos de viento con los que has estado luchando. Has viajado por las oscuras sombras del barranco de la vindicación y has aprendido a salir de la trampa de la evasión. Has adquirido la mejor clase de venganza, aquella en que recuperas la vida abundante que Jesús tiene para ti. Has aprendido de los atributos de Jehová El Elyon, Dios mi Escudo, Dios mi Defensor, y has visto que sus métodos de defensa pueden parecer diferentes a tus expectativas. Has aprendido la tasa de cambio de la verdadera restauración.

Has perseverado.

Y aquí estamos.

Lo cual nos deja una pregunta, ¿no es así?

¿Cómo sabemos? ¿Cómo sabemos de verdad que hemos aceptado a Dios como nuestro Defensor?

Resta una prueba, que podrías no estar dispuesta a tomarla. Eso está bien por ahora. Créeme cuando te digo que esto te dejará atrapada en uno de los lugares por los que hemos pasado en este libro. Es lo único que estorba entre el pleno entendimiento de Dios como tu Defensor y tú. Pero, si te toma un tiempo enfrentarlo, está bien. Esta última prueba es difícil. Estará aquí para cuando estés lista.

Sin embargo ¿puedo pedirte que al menos lo intentes? Pídele al Espíritu Santo que te guíe a través de ella. Continúa leyendo y ve lo que el Espíritu Santo te guía a hacer.

CON TODO MI CORAZÓN

El viaje de Corrie ten Boom fue bastante intenso, es difícil entender. Ella fue una cristiana holandesa que vivió en los Países Bajos, cuya profesión fue la relojería. De hecho, a los treinta y dos años, fue la primera mujer con licencia de relojera en los Países Bajos.

Ella tenía cuarenta y tantos años, cuando Adolfo Hitler llegó al poder en Alemania. Los Países Bajos se consideraban como un país neutral en toda la agitación que había a su alrededor, en gran parte como Suiza permanece neutral en los asuntos mundiales. Pero Hitler, de cualquier manera, decidió invadirlo en la primavera de 1940.

Corrie estaba viviendo con su hermana, Betsie, y su padre viudo. Inicialmente, después de la invasión alemana, la vida continuó con cierta normalidad. Pero con el tiempo, la situación económica se volvió desesperante. Después comenzó la persecución más severa del pueblo judío en los Países Bajos.

Un día, llegó una mujer a la tienda de reparación de relojes de los ten Boom, pidiendo ayuda. Su esposo ya había sido arrestado por ser judío y su hijo se había escondido. La mujer sabía que corría un gran riesgo de ser apresada. Los ten Boom decidieron acogerla y, con el tiempo, también recibieron a otros. En la habitación de Corrie, en la planta superior, se construyó una habitación secreta, en la que varias personas judías se refugiaron.

Al fin, después de dos años, las autoridades se percataron de la red oculta de los ten Boom.

Corrie, Betsie y su padre fueron arrestados y enviados a prisión. El padre de Corrie, Casper, falleció tan solo diez días después de su arresto. Meses después, Betsie y Corrie fueron llevadas, primero a un campo de concentración y después al campo de exterminio Ravensbruck, donde falleció Betsie. Tras la muerte de Betsie, Corrie fue liberada de Ravensbruck, a casi un año de su arresto. Ella comenzó a escribir y a hablar de sus experiencias y de las atrocidades que había sufrido a manos de los guardias nazis, con la esperanza con la que Dios la había sostenido.

Años más tarde, mientras hablaba en un evento, se encontró cara a cara con el guardia que había sido el más atroz con ella. En ese momento, ella se enfrentó con la verdad de que, aunque había pasado por muchos obstáculos después de su regreso, obstáculos como los que tú y yo hemos vencido en este libro, faltaba un obstáculo más.

El antiguo guardia se le acercó, deseando estrechar su mano con el fin de agradecerle por la poderosa charla que había dado acerca del perdón de Dios. Inmediatamente supo quién era, por lo que todos los recuerdos afloraron a su mente. Recordaba la fusta de cuero que él portaba y usaba. Recordó el uniforme que él llevaba, con su insignia nazi, y la gorra que usaba con un parche de un cráneo y unos huesos cruzados, exhibiendo el símbolo de *Totenkopf* en los sombreros de los guardias. Lo recordó todo en un instante.

Él no la reconoció.

Luego escribió lo siguiente de lo que pasó por su mente y su corazón:

Me quedé ahí parada, aferrada a la frialdad en mi corazón. Pero el perdón no es una emoción, yo también lo sabía. El perdón es un acto de la voluntad y esta puede funcionar a pesar de la temperatura del corazón.

«¡Jesús, ayúdame! —oré en silencio—. Puedo levantar la mano. Puedo hacer ese esfuerzo. Tú provees el sentimiento».

Mecánica y rígidamente puse mi mano en aquella que se extendía hacia la mía. Y al hacerlo, sucedió algo impresionante. Sentí un corrientazo en mi hombro que se deslizó por mi brazo y brotó en nuestras manos unidas. Luego un calor sanador inundó todo mi ser, trayendo lágrimas a mis ojos.

«¡Te perdono, hermano —grité—. ¡Con todo mi corazón!».

Nos tomamos de la mano durante un largo rato, el antiguo guardia y la antigua prisionera. Nunca había conocido el amor de Dios tan intensamente como en ese momento.[1]

Sí. Esto es otro nivel.

Pero es el nivel en el que mostramos que hemos aceptado completamente a Dios como nuestro Defensor. Cuando podemos poner, en los brazos de un Dios perdonador, a quien nos ha lastimado.

Con frecuencia retenemos el perdón como una forma de venganza. Ah, puede ser que no te vengues activamente de alguien. Puedes detener tu lengua cuando tienes oportunidad de chismear. Puedes mantenerte fuera del combate. Puedes mantener la boca cerrada y quedar rezagada. Pero ¿estás esperando para perdonar hasta que veas que Dios lidie con la persona que te lastimó?

Ese es el último obstáculo del camino para confiar en Dios como tu Defensor. Y es el punto en el que muchas de nosotras nos quedamos atrapadas durante un largo tiempo; faltas como el abuso sexual, las agresiones, las heridas corporales o la ruina financiera. Queremos que la gente se gane el perdón. Queremos que paguen un precio por él porque, enfrentémoslo, el perdón nos puede costar mucho. Pero retenerlo también nos puede costar bastante.

Ahora mismo, puede ser que todavía no te encuentres en el lugar donde puedas dar ese paso final de confiar en Dios como tu Defensor. El costo puede parecerte muy alto; pero ese es el intercambio del que hablamos en el capítulo 11, lo cual es central para la verdadera restauración.

Por favor, no pierdas de vista lo que Corrie dijo que sucedió cuando hizo ese intercambio. Ella dijo que nunca había conocido el amor de Dios tan intensamente como en ese momento. Su perfecto amor, que puede parecernos invisible, se volvió completamente evidente para ella en ese momento. Entonces, sus ojos fueron abiertos al ejército celestial que la rodeó a través de todo el dolor y todas las preguntas, entonces el amor de Dios se le reveló.

Conocer a Dios como tu Defensor significa que Él te permitirá sanar y perdonar con todo tu corazón. El corazón entregado en sus manos es un arma poderosa, y tu corazón estará a salvo ahí cuando Dios sea tu Defensor.

ABRE MIS OJOS

El rey de Arám era un hombre ocupado que estaba en guerra con la nación de Israel. Y tenía un gran problema: cuando intentaba acampar con sus tropas, tal parecía que el rey de Israel siempre era capaz de encontrarlos. Pese a lo grandioso que fuera el escondite que encontrara, en minutos, su ejército sería hallado. Por eso estaba furioso y frustrado.

Así que exigió que sus hombres averiguaran cómo estaba sucediendo eso. Uno de ellos le informó que el rey de Israel tenía un arma secreta: el profeta Eliseo. Él era quien mantenía informado al rey de Israel de todos los movimientos del ejército arameo.

El rey de Aram estaba encolerizado. Así que le ordenó a una parte de sus tropas que le llevaran al odiado Eliseo.

Las tropas encontraron a Eliseo en Dotán y rodearon la ciudad durante la noche, listos para abalanzarse al siguiente día y aprehenderlo. El ayudante de Eliseo salió esa mañana y se dio cuenta de que la ciudad estaba rodeada. De modo que se acercó corriendo a Eliseo para advertirle: «¡Ah, señor mío! ¿qué haremos?» (2 Reyes 6:15 RVR1960).

Eliseo no fue a cerrar ni a asegurar los protectores de las ventanas. No intentó negociar. No corrió a los montes. Al contrario, el profeta le dijo a su siervo:

«No tengas miedo, porque más son los que están con nosotros que los que están con ellos. Y oró Eliseo, y dijo: Te ruego, oh Jehová, que abras sus ojos para que vea. Entonces Jehová abrió los ojos del criado, y miró; y he aquí que el monte estaba lleno de gente de a caballo, y de carros de fuego alrededor de Eliseo». (vv. 16-17 RVR1960)

Puedo enfocarme tanto en el enemigo que viene por mí, que es probable que ignore al ejército que me rodea. Para comprender a Dios como tu Defensor, pídele que te abra los ojos para que veas. Con demasiada frecuencia he observado solamente lo que viene contra mí, en lugar de buscar lo que está por mí. Para ver a Dios como tu Defensor, tendrás que mirar con ojos diferentes. Tendrás que hacer una oración distinta. Abre tus ojos por medio del poder de Dios.

ASÍ ES COMO PELEO MIS BATALLAS

Elyssa Smith es parte de un ministerio llamado UPPERROOM. Un día, mientras los miembros de ese ministerio se reunieron, Elyssa se sintió inspirada a escribir una canción.[2]

La historia que estaban leyendo, en 2 Crónicas, se trataba de la vez en que Josafat, el rey de los israelitas, envió a su ejército a enfrentar a su enemigo. Pero en lugar de poner sus mejores armamentos o los mejores espadachines, o los escudos más fuertes al frente del ejército, envió a los levitas y les dijo que entonaran canciones de adoración mientras se dirigían a la batalla. Eso me hace pensar en algunos de los conceptos de los que hemos hablado anteriormente, tales como el poder de la adoración junto con practicar la mejor clase de venganza. Josafat conocía el poder de la adoración, por lo que dijo que eso confundiría al ejército enemigo.

Y así fue. Los ejércitos contrarios comenzaron a asesinarse entre ellos. Para cuando llegó el ejército de Israel, todo había terminado.

¿Te gustaría saber qué estaban cantando los levitas?

Sí, pensé que te gustaría.

Cantaban: «Glorificad a Jehová, porque su misericordia es para siempre» (2 Crónicas 20:21 RVR1960).

La Palabra dice que mientras ellos cantaban, Dios creaba una emboscada de tal manera que los ejércitos enemigos se enfrentaran a sí mismos. Esa es una extraordinaria manifestación de Dios como nuestro Defensor. El pueblo de Dios no tuvo que levantar ningún arma física. No tuvieron que utilizar fuerzas ni tácticas militares.

Pero sí usaron algo que el enemigo no utilizó: la alabanza. Y no cualquier clase de alabanza, una alabanza de agradecimiento a Dios y un recordatorio de que su amor es infinito e ilimitado.

Ahora, de vuelta con la compositora Elyssa Smith. Su equipo y ella hablaron acerca de este pasaje de 2 Crónicas y también comenzaron a discutir el pasaje de Eliseo, de 2 Reyes 6, el cual abordamos anteriormente. Y Elyssa comenzó a escribir una canción muy especial.

La letra es bastante sencilla, pero si la has escuchado, entonces sabes lo poderosa que es. Se llama, «Surrounded (Fight My Battles)» [Rodeado (Peleo mis batallas)]. El coro dice:

> Aunque vea que estoy sitiado,
> estoy rodeado por ti.
> Así es como peleo mis batallas.

Es complicado lidiar con nuestras emociones y las consecuencias que experimentamos cuando nos han lastimado. Invitar a Dios como nuestro Defensor no lo es. Estás rodeada por muchos. La persona que te lastimó. La situación que condujo a eso. Los efectos colaterales de esa experiencia. Los sentimientos que llevas contigo. Todo eso es real. Todo eso cuenta.

Pero también estás rodeada por un Dios que te ama, un Dios que no espera que vayas sola a la batalla.

A lo largo de su Palabra, Dios nos ha dado recordatorios de que está con nosotras, que pelea por nosotras y que está por nosotras. Por eso les aseguró a los israelitas, mientras los guiaba hacia la tierra prometida, que «Jehová vuestro Dios va con vosotros, para pelear por vosotros contra vuestros enemigos, para salvaros» (Deuteronomio 20:4 RVR1960). Así mismo les recordó a los primeros cristianos, que estaban enfrentando persecución: «¿Qué, pues, diremos a esto? Si Dios es por nosotros, ¿quién contra nosotros?» (Romanos 8:31 RVR1960).

Y aún está con nosotras.

Así es como peleas tus batallas: con Dios delante de ti, a su manera, aunque su tiempo en ocasiones te confunda, aunque no siempre comprendas el propósito, y con una mezcla de justicia y misericordia que son completamente suyas. Encontrarás sanidad. Hallarás descanso. Recibirás retribución y restauración. Y hallarás paz.

Te dejo con las palabras del Rey David, el escritor de los salmos imprecatorios, de quien hablamos en el capítulo 1. El mismo David escribió Salmos 23, el cual puede decirse que es su escrito más famoso. Es un salmo que la gente en todo el mundo puede citar, incluso aquellos que todavía no conocen a Dios como Padre, como tú y yo. Algunos eruditos arguyen que David escribió Salmos 23 casi al final de su vida, en un tiempo en que sus enemigos lo amenazaban, quizá en uno de los momentos más oscuros. Este salmo muestra a un hombre que, al haber caminado durante tanto tiempo con Dios, había aprendido lo que Dios, el Defensor, podía hacer y la promesa que produce su amor.

> Me preparas un banquete
>> en presencia de mis enemigos.
> Me honras ungiendo mi cabeza con aceite.
>> Mi copa se desborda de bendiciones.
> Ciertamente tu bondad y tu amor inagotable me seguirán
>> todos los días de mi vida,
> y en la casa del Señor viviré
>> por siempre. (Salmos 23:5-6 NTV)

La bondad de Dios te sigue. Su amor inagotable te persigue. Él te sirve y te honra frente a tus enemigos. Además, te ha asegurado la eternidad.

Cuando vives consciente de eso, te das cuenta de que has pasado por lugares que intentaban distraerte de esa verdad. Has aprendido las lecciones de todas las paradas del camino. Después de todo, el destino final de este viaje, desde el momento en que te lastimaron hasta ahora, ha sido traerte a casa con tu Dios.

Dios es tu Defensor. Déjalo hacer lo que mejor sabe.

RECONOCIMIENTOS

LOS SUEÑOS DE LA NIÑEZ SE HACEN REALIDAD POR gente grandiosa como tú, Beth Davey. Gracias, no solamente por ser mi agente, sino también por ser mi animadora a cada paso del camino.

Este libro no habría sido posible sin ti, Julie Carr. Tú capturaste mi voz y el mensaje de la manera más hermosa. Gracias por tu paciencia y por compartir conmigo tu talento.

Betty Meza, mi asombrosa directora, gracias por defender este libro antes que cualquier otra persona y por soñar los sueños de niña conmigo. Te veo en el escenario del Staples Center y en muchas otras plataformas. Eres una amiga, una voz de influencia y la exhortación que necesitaba en mi vida.

Muchas gracias a Beth, a Stephanie, a Meaghan, Gabriel, y todo el equipo de promoción, a Darcie y a todos los demás de W Publishing y HarperCollins. No habría imaginado un equipo más solícito, detallista y alentador. Soy bendecida de tenerlos en este viaje. Gracias, HarperCollins, por recibirme. No iba a parar hasta que ustedes lo hicieran. Estoy agradecida de que sea ahora.

NOTAS

Capítulo 2: Sigue en marcha

1. Zoe Mitchell, «Candy Land», American Experience on PBS, 13 julio 2018, https://www.pbs.org/wgbh/americanexperience/features/candy-land/.

Capítulo 3: La espiral de lo justo

1. «Joan of Arc», History.com, 9 noviembre 2009, https://www.history.com/topics/middle-ages/saint-joan-of-arc.

Capítulo 4: Las islas de la idolatría

1. Blue Letter Bible, s.v. «pathos», de la *Concordancia Strong*, https://www.blueletterbible.org/lang/lexicon.cfm?Strongs=G3806&t=kjv (acceso 16 junio 2020).
2. Clinton E. Arnold, *The Colossian Syncretism: The Interface Between Christianity and Folk Belief at Colossae* (Tübingen, Alemania: J. C. B. Mohr, 1995), pp. 21-23.
3. Candice Lucey, «Who Is the Archangel Michael?», Christianity.com, 23 enero 2020, https://www.christianity.com/wiki/angels-and-demons/who-is-the-archangel-michael.html.
4. Wikipedia, s.v. «Adrestia», modificado por última vez 18 julio 2020, https://en.wikipedia.org/wiki/Adrestia.
5. Wikipedia, s.v. «Iturbide, Nuevo León», actualizado por última vez 1 marzo 2020.

Capítulo 5: Las arenas movedizas de la autodestrucción

1. Jeremy Taylor, *The Sermons of the Right Rev. Jeremy Taylor, D. D., Lord Bishop of Down, Connor, and Dromore* (Nueva York: Robert Carter & Brothers, 1852), p. 143.
2. Lena Welch, «Will Quicksand Kill You? The Science of Goo: Cornstarch, Quicksand, Oobleck, and Non-Newtonian

Fluids», Owlcation, 24 abril 2020, https://owlcation.com/stem/
Oobleck-Quicksand-Cornstarch-And-Water.

Capítulo 6: El obstáculo de los molinos de viento

1. Marianne Bonner, «Most Ridiculous Lawsuits», The Balance
   Small Business, 10 diciembre 2019, https://www.thebalancesmb.
   com/most-ridiculous-lawsuits-of-all-time-4110919.

Capítulo 7: El barranco de la vindicación

1. David B. Feldman, «Why Do People blame the Victim?»,
   Psychology Today, 2 marzo 2018.
2. Long Beach Press Telegram, «Ex-Husband of Latina
   Singer Gets 31 Years for Molestation», *Press-Telegram*, 20
   junio 2007, https://www.presstelegram.com/2007/06/20/
   ex-husband-of-latina-singer-gets-31-years-for-molestation/.

Capítulo 8: La trampa de la evasión

1. Marla Carter, «Twelve Alleged Abuse Cases at Texas Summer
   Camps Uncovered», *ABC 13 Eyewitness News*, 1 mayo 2019,
   https://abc13.com/12-alleged-abuse-cases-at-texas-summer-
   camps-uncovered/5281234/.

Capítulo 9: Ejecuta la mejor venganza

1. «Living Well Is the Best Revenge», Quote Investigator, http://
   quoteinvestigator.com/2018/09/02/living-well/ (acceso 22 junio
   2020).
2. Christine Ammer, *The Dictionary of Clichés* (Nueva York:
   Skyhouse Publishing, 2013), p. 127.

Capítulo 10: El supremo Defensor

1. Christina Proctor, «Tougher Penalties for State's
   Sex Offenders», *Tahoe Daily Tribune*, 19 diciembre
   2001, http://www.tahoedailytribune.com/news/
   tougher-penalties-for-states-sex-offenders/.
2. Online Etymology Dictionary, s.v. «gloat» (acceso 25 junio 2020).

Capítulo 11: La verdadera restauración

1. *El día de la marmota*, dirigida por Harold Ramis, escrita por Danny Rubin, con la participación de Bill Murray y Andie MacDowell (Culver City, CA: Columbia Pictures, 1993).

Conclusión: Cómo saber

1. Corrie ten Boom, «Guidepost Classics: Corrie ten Boom on Forgiveness», *Guideposts*, 24 julio 2014, http://www.guideposts.org/better-living/positive-living/guideposts-classics-corrie-ten-boom-on-forgiveness.
2. Kevin Davis, «#926: "Rodeado (Peleo mis batallas)", por UPPERROOM», New Release Today, 20 junio 2018, https://www.newreleasetoday.com/article.php?article_id=2422.

ACERCA DE LA AUTORA

ROSIE RIVERA ES ESCRITORA, EMPRESARIA Y PRESIDENTE de Jenni Rivera Enterprises, conferencista internacional, y figura pública influyente. Rosie usa su plataforma para animar, motivar y dar esperanza a las víctimas de abuso sexual, como sobreviviente y consejera.

Rosie ha sido coanfitriona de los mejores programas matutinos en español como Despierta América y Un nuevo día; y ha sido coanfitriona, junto con su esposo, de un podcast matrimonial, llamado, «The Power of Us», en Revolver Podcasts. Ha participado y protagonizado programas de telerrealidad como, *I Love Jenni, The Riveras, ¡Mira Quién Baila!* y *Rica Famosa Latina,* y parte del equipo de producción de Mariposa de Barrio actualmente en Netflix.

Rosie está felizmente casada con Abel Flores. Viven en Lakewood, California, donde crían a sus tres hijos, Kassey, Sammy y Eli.

9-1-21
NEVER
0